戦国武将の手紙

二木謙一

角川文庫
17981

JN311882

まえがき

戦国時代とは、室町末期から安土桃山時代にかけての社会動乱時代の俗称である。もともとこの言葉は、中国・周の威烈《いれつ》王から秦の始皇帝による天下統一までの間の割拠時代を、戦国時代と称したのにならって、これを日本の乱世に当てはめたものである。

それゆえ戦国時代の始期と終期の時代区分については諸説があり、必ずしも統一的ではない。けれども、広くは応仁の大乱の勃発を戦国時代の始まりとし、大坂夏の陣後のいわゆる元和偃武《げんなえんぶ》をもって終わりとする見方が一般的である。そしてこの間に活躍をした大名や豪族たちを、戦国武将と呼びならわしている。

戦国時代は常に戦争と死という極限状況にあったという点では、史上で最も過酷な時代であったといえよう。そうした中に、実力をもって雄飛を遂げた武将たちの生き方や思考は、じつに魅力的である。本書はその戦国時代の魅力を、武将の手紙を読み解きながら紹介しようと意図したものである。

ところで、手紙を書くことは現代では普通のことであるが、古代や中世の日本では非日常的なことであった。それは文字を知り、また高価で希少な紙を使用することが出来たのは、ごく一部の階層に限られていたからである。手紙による伝達が広く普及したのは、室町時代頃からであった。それ以前の時代の文書のほとんどは公的なものであり、平安・鎌倉時代には、貴族や上流武士などの一部においては私的な手紙を書くこともなされたが、全体的にはやはり公的文書が多かった。それが室町時代には、日常の私的な意思の伝達を文書で行なうことが上下の社会に浸透していったのである。

古文書とは、宛名と差出しのあるものをいい、とくに私的な文書や私信を、手紙・書簡などといっている。古文書は、いずれも各時代の人や社会をうかがう貴重な史料であるが、私が最も興味をひくのは、やはり戦国武将の手紙である。

戦国武将は、いうまでもなく一定地域を支配する領主で、いわば独立王国の君主にひとしいものであった。それゆえ戦国武将たちは、中央政権や諸国の大名に対する政治・外交文書のほか、自己の領域支配に関わる多くの文書を発給した。

戦国武将の文書で注目されるのは、書状や消息とよばれる手紙の多いことである。書状は主として漢字を用い、消息はかな文字を用いて書かれたものであるが、元来、書状や消息は、正式の公文書に対して私文書とみなされてきた。しかし戦国武将たちは、政治・軍事をはじめ、一族・家族や家臣らの日常生活に関わる事柄をも、私文書とされた書状や消息で伝達したのである。

だが、権力者である戦国大名の生活に、公私の区別はつけがたい。大名の意思と行動のすべては公的なものでもあったといえる。しかも戦国時代はいわゆる乱世であり、それだけにこの時代に生きた武将の手紙には、興味をそそられるものが多い。

戦国武将の手紙は、原本や写しとして文書の体裁のまま残されているもののほか、後世に書かれた家記、覚書その他の編纂《へんさん》物に引用されて伝えられているものなど様々である。もちろん、史料的な価値が高いのは原本である。けれども編纂物にしか見ることのできない文書の中にも、貴重で味わいの深いものが少なくない。

本書は、いろいろな形で今日に伝えられている戦国武将の手紙の中から、紙幅の都合により、特に四十九人の四十九通を選び、これを読み下し文にして解説をほどこし、さらにそれぞれの手紙に関する人物や事件、事柄、その意義などについて評論を加えたものである。

ここでとりあげた手紙は、政治や軍事に関するもののほか、遺言状、家訓、その他思想、信仰、文化的趣味に関するものや、さらには恋文の類なども含まれている。そしてそれらの文書の配列を、発給年月日順に並べ、全体を四つの時期に分け、戦国時代の始まりから大坂の陣頃までの激動の時代を、通史的に概観できるようにと工夫している。

Ｉ「乱世の幕開け」の巻頭は、六月十三日付（文亀《ぶんき》元年・一五〇一）の大内義興《よしおき》書状を掲げた。これは明応《めいおう》二年（一四九三）四月に管領細川政元《まさもと》の起こしたクーデターにより追放された前将軍足利義材《よしき》を自国の周防《すおう》山口に迎え、諸国の大名に上洛協力の呼びかけをしていた頃の一通である。この細川政元のクーデターは「明応の政変」と称され、室町幕政史においては戦国時代の始まりともいわれる大事件であった。

この章では大内義興を始めとして、戦国を切り開いた武将十二人の群雄たちの手紙を取り上げている。ここには武田信玄が寵童《ちょうどう》に宛てた誓詞、毛利元就《もとなり》が子息らに和を説いた教訓、それに北条氏康《うじやす》が我が子の深酒を戒めた手紙など、興味深いものが多い。

Ⅱ「天下統一に向けて」は、織田信長の上洛から本能寺の変までを区切りとして、この期にその名を残した十人の武将の手紙を取り上げた。ここには信長が、秀吉の妻おねの愚痴をたしなめた消息や、滝川一益《かずます》が褒美には一国よりも名物茶器が欲しいと嘆いた書状など面白いものがある。なかでも意外に思われるのは、上杉謙信が無謀な若侍を監禁した際、その両親に対して監禁の理由を説明し、心配は無用と気遣った消息であろう。これを読むと、鬼神のように語られている猛将とはまったく別人の、気配りと思いやりの深い名将の姿が想像されるのである。

Ⅲ「天下人、豊臣秀吉の時代」は、山崎合戦から秀吉の死までの間の十八人の武将を登場させた。最も興味をひくのは森長可《ながよし》の遺言状である。そこには自分が戦死をしたならば、妻を里帰りさせよ、娘は武士に嫁がせるな、そして弟は城主にしたくないといった、家族を憂える悲痛な叫びが書かれている。

また島津義久《よしひさ》が秀吉からの上洛命令にも従わず、仲介役の細川幽斎《ゆうさい》に宛てて、その手紙が秀吉の手に渡ることをも承知の上で、秀吉が関白とは滑稽千万といわんばかりの書状を書いているのには驚く。そして北条氏の当主氏直《うじなお》が、小田原開城に際し、家臣たちのそれまでの忠節に感謝の意を表するとともに、彼らに主従関係の解消を告げ、今後の自由な身の処し方を許している書状には胸を打たれる。

Ⅳ「徳川政権の確立」では、関ヶ原合戦から大坂の陣頃までの、九人の武将の手紙を収めた。中でも真田昌幸《まさゆき》が高野山の配所から、関ヶ原では親子で敵味方となった子息の信幸《のぶゆき》に宛てて、十余年以来抱き続けている心中を、一度お目にかかって話したいと述べている書状は興味深い。また大坂冬の陣に際し島津家久《いえひさ》が、徳川に人質として出される妹に対し、快く江戸行きを了承してくれたことに感謝し、残された家族の身上については責任を持って面倒を見ると書いている消息には、外様大名の苦悩がよくうかがわれる。

そのほか大坂の陣開戦直前のこと、徳川秀忠《ひでただ》が上洛の道中から、大御所家康の近臣に宛てて、大坂城の攻撃は自分が到着するまで待って下さるように、大御所に言上されたいといっている手紙も面白い。秀忠は関ヶ原に遅参した十四年前の屈辱を、いまだに忘れることが出来なかったのかと、いささか同情の念を禁じ得ない。

さて、戦国武将の手紙を読んでいつも思うのは、やはり乱世に生きることの厳しさである。大名にとって戦争は博打のようなもので、勝てば領地は倍にもなり、国を取ることもできた。しかし負ければ命だけでなく、すべてを失うかもしれない。その上ひとつの戦争に勝っても、次の戦争が待っているから、常に生死の境目にあり、死ぬか生きるかの決断に迫られていた。また大名は多くの家来を召抱えていたから、主人である大名の進退・興亡は、そのまま家来とその家族の運命をも巻き込むことになる。それゆえ大名の危機に臨んでの身の処し方、決断の一つひとつは、ただおのれの利害のためだけでなく、家来の生命・財産をも守り、また彼らを難儀から救うものでなければならなかったはずである。

そしてまた信長・秀吉・家康や武田信玄・上杉謙信をはじめ、史上に名高い戦国武将の多くは、企画力・行動力・組織力、そして先見性・リーダーシップに優れ、しかも他人への気配り、思いやりの心をも備えた、教養豊かな文化人であった。それはこれらの資質が、領国を治め、天下に雄飛を遂げるために必須の条件であったからである。

こうした戦国武将の魅力と乱世の躍動感を、武将の手紙を通して、存分に味わっていただければ幸いである。

戦国武将の手紙　目次

まえがき　3

I　乱世の幕開け——戦国時代を切り開いた武将

大内義興　14
北条早雲　19
足利義稙　27
武田信玄　32
大内義隆　37
斎藤道三　42
毛利元就　47
毛利隆元　53
三好長慶　58
足利義輝　63
松永久秀　68
北条氏康　73

II　天下一統に向けて——信長上洛から本能寺の変へ

上杉謙信　80
浅井長政　86
武田勝頼　91

大友宗麟 96　織田信長 102　上杉景勝 108
龍造寺隆信 113　吉川経家 118　滝川一益 124
明智光秀 129

Ⅲ 天下人、豊臣秀吉の時代――山崎合戦から秀吉の死まで

柴田勝家 136　前田利家 144　織田信雄 149
森　長可 154　丹羽長秀 159　長宗我部元親 164
島津義久 169　北条氏政 174　伊達政宗 179
北条氏直 185　豊臣秀吉 190　豊臣秀次 195
佐竹義宣 200　足利義昭 205　加藤光泰 210
島津義弘 215　毛利輝元 220　浅野幸長 225

Ⅳ　徳川政権の確立――関ヶ原と大坂の陣

細川幽斎　232
石田三成　237
黒田官兵衛（如水）　245
加藤清正　251
真田昌幸　256
島津家久　261
片桐且元　266
徳川秀忠　271
徳川家康　276

あとがき　281

I

乱世の幕開け——戦国時代を切り開いた武将

大内義興

文明九年（一四七七）―享禄元年（一五二八）

流浪将軍への協力を呼び掛ける

戦国時代の早い時期、西中国から北部九州では、大内氏の勢力が伸長していた。

大内義興《よしおき》は、文明《ぶんめい》九年（一四七七）、周防《すおう》・長門《ながと》・豊前《ぶぜん》・筑前《ちくぜん》の四か国の守護職を兼ねていた大内政弘《まさひろ》の嗣子《しし》として生まれた。幼名を亀童丸といい、元服して周防権介《ごんのすけ》義興と名乗り、のちに左京大夫《さきょうのだいぶ》を称している。明応《めいおう》三年（一四九四）十八歳で家督を相続すると、肥前《ひぜん》の少弐政資《しょうにまさすけ》や豊後《ぶんご》の大友親治《ちかはる》らと戦火を交えながらも着々と勢力を伸ばし、明応八年頃までには周防・長門・石見《いわみ》・安芸《あき》・豊前・筑前・肥前といった、西中国から北九州にかけて七か国の支配権を手中に収め、またその有利な地理的条件を活用して朝鮮とも交易を行って、強大な武力と富力を築き上げた。

しかし、義興が後世までもその名を高くしたのは、細川政元のクーデターによって追放された十代将軍足利義材《あしかがよしき》を擁して上洛《じょうらく》し、義材を再び将軍の座につけたことによる。

この細川政元の起こしたクーデターは、世に「明応の政変」と称され、これを北条早雲の伊豆堀越《ほりこし》御所襲撃と並べて、いわゆる〝戦国時代〟の始まりとみる説もある。

それは明応二年四月のことであった。将軍義材は、管領《かんれい》畠山政長の領国河内《かわち》の内乱を鎮定するために、政長とともに京を発《た》ち、河内の正覚寺城に陣を張っていた。ところがその義材の留守をねらって、細川政元がクーデターを起こし、関東から上京していた堀越公方足利政知《まさとも》の子清晃《せいこう》を擁立して十一代将軍につけた。のちの義澄《よしずみ》である。さらに政元は四万の大軍をさしむけ、正覚寺城を攻めさせた。城兵は二千余の劣勢、勝敗はたちまちに決せられた。畠山政長は自殺し、義材は投降して京都龍安寺に幽閉の身となった。

政元は、義材をいずれは讃岐《さぬき》の小豆島に流そうと考えていたらしい。ところが六月二十九日の深夜、義材は折りからの暴風雨に乗じて京を脱出し、越中《えっちゅう》へ走った。越中は畠山氏の領国であったからである。

越中に逃れた義材は、ここで六年の歳月を数え、その間三度にわたって兵を挙げ、京都入りをねらったが、果たせなかった。明応八年、その名を義尹《よしただ》と改め、十一月には越中・加賀《かが》・能登《のと》・越前《えちぜん》・若狭《わかさ》などの諸国の兵を率いて近江《おうみ》まで進撃したが、細川政元軍に破れて失敗、義尹は脱出流浪《るろう》の末、最後の頼みの綱を、大内義興に求めてきたのである。

義興が、流浪の前将軍義尹を周防に迎えたのは、明応九年の春であった。義興は義尹を帰京させるために、諸国の大名たちに協力を求めた。次の文書も義興が信濃《しなの》国松尾城主小《お》笠原弾正少弼定基《がさわらだんじょうのしょうひつさだもと》に宛てた自筆の書状である。

公方様、当国に至りて御座を移され、御入洛御調法《ごじゅらくごちょうほう》の最中に候。一段と御忠節肝要たるべく候。未《いま》だ申し通ぜず候といへども、御下知をなされ候の次第、其《そ》の意を得申すべきの由、仰せいださるるの旨に任せ候。何様《いかさま》、重々申し承はるべく候。恐々謹言。

（文亀元年）六月十三日　義興（花押）

小笠原弾正少弼（定基）殿

（早雲寺文書）

文意は、公方様（足利義尹）がこの周防国に御座を移され、御入洛についての準備の最中である。この際、貴殿も、一段と御忠節を尽くされることが大切であろう。まだ貴殿とは音信を通じ合ったことはないが、公方様の御下知に従って、その御意向を伝達する次第である。今後とも音信を重ねたい——というものである。

文中にみえる「公方様」は義尹、「当国」は周防、そして「御入洛御調法」は入洛のための計画を指す。つまりこの書状は、義興が信濃守護小笠原氏の支族で、松尾城主の小笠原定基に宛てて、義尹を自国に迎えて上洛の計画を進めていることを告げ、協力をうながしたものである。上洛協力の呼び掛けは、はるか東国にまで行われていたのである。

ここには年号が記されていないが、文亀《ぶんき》元年（一五〇一）のものであり、同日付の義尹の奉行人連署奉書に添えて出されたものである。

中央政界の光と影

大内氏は義興の父祖の代から京都に対する憧《あこが》れの念が強く、大内の領国には、義興が子供の頃から、応仁・文明の大乱に焼け出された公卿《くぎょう》たちが、たくさん保護を求めてきており、とくに山口の城下は「小京都」とさえ呼ばれるほどであった。こうした環境の中に育ってきた義興であったから、義尹が大内を頼って山口に来たことに感激し、義尹の京都復帰のために、献身的な協力を惜しまなかったのである。

一方、義興の義尹奉戴《ほうたい》を伝え聞いた京都の十一代将軍足利義澄は、豊後の大友親治父子や、安芸・石見の豪族たちに御内書《ごないしょ》を送って、上洛《じょうらく》を画策する大内氏の行動を阻止する作戦に出た。そんなわけで、義興がこの手紙を小笠原定基に送った文亀元年には、大内軍が義澄の命を受けた大友・少弐の連合軍と、豊前国の馬岳《まがたけ》城で戦って敗北を喫し、一時は大友・少弐軍が筑前まで進出してくるという事態に陥ったこともあった。しかし、この危機も義興の重臣陶興房《すえおきふさ》の反撃によって間もなく回避されている。

こうした情勢の中で、義尹の山口滞留は八年にも及んだが、永正《えいしょう》四年（一五〇七）六月、細川政元が家臣に暗殺されて、京都の政情が動揺したのを好機とし、細川高国と通じて東上を決意、十二月、義興の率いる八千の大軍は義尹を奉じて進軍し、永正五年六月八日、堂々と入洛《じゅらく》した。義尹は義稙《よしたね》と改名して、将軍に復職している。政元のクーデターによる京都脱出から、十五年の歳月が流れていた。

義稙を将軍に復帰させた義興は、管領代と山城守護職を兼ねて、幕府きっての実力者となり、永正八年八月の船岡山の決戦で近江へ逃れた義澄方の軍事力の中枢であった細川澄《すみ》元《もと》・同政賢《まさかた》を討ち破ってからはますます武名を上げ、翌年には、地方武士としては破格の従三位《じゅさんみ》に叙せられている。

義興は上洛後、約十年間にわたって幕府の実権を握り、この間に従来、細川氏が牛耳っていた勘合《かんごう》貿易の主導権をも手中に収めるが、永正十五年八月二日、突如として帰国している。八千の在京将兵を維持するための苛斂誅求《かれんちゅうきゅう》は領国の民心の不満を呼び、また義興の留守に乗じて、中国地方に勢力を伸ばしはじめた出雲《いずも》の尼子《あまこ》経久《つねひさ》に脅威を感じたからであったらしい。

義興は帰国後、再び領国経営に専念するが、それから十年後の享禄元年（一五二八）の十二月二十日、山口で病死している。享年五十二であった。

北条早雲

永享四年（一四三二）―永正十六年（一五一九）

みずからの素姓について語る

一介の素浪人から身を起こし、伊豆・相模《さがみ》の二国を斬《き》り取った早雲は、いわゆる下剋上《げこくじょう》の風潮を行動でもって天下に知らせた戦国武将のトップ・バッターである。ことに早雲が堀越公方足利政知《ほりこしくぼうあしかがまさとも》の子、茶々丸を討ち、伊豆国に自立した延徳《えんとく》三年（一四九一）は世に〝戦国時代〟の始まりともいわれている。

早雲の半生は大きな謎《なぞ》に包まれている。だいいち、氏素姓も不明で、はっきりしているのは、早雲の前名を伊勢新九郎といい、彼の妹が駿河《するが》の守護今川義忠の側室となっていたので、その妹の縁を頼って今川氏の食客となっていたということだけなのである。ただし新九郎の実名（諱《いみな》）については、「長氏」「氏茂」「盛時」とするものなどがあり、まちまちである。

早雲の出自、氏素姓については、江戸時代以来、山城宇治《やましろうじ》もしくは大和在原《やまとありわら》説（『北条五代記』）、京都伊勢氏説（『沢巽阿弥覚書』『寛政重修諸家譜《かんせいちょうしゅうしょかふ》』）、備中《びっちゅう》伊勢氏説（『別本今川記』『甫庵太閤記《ほあんたいこうき》』）などがあり、江戸末期の頼山陽《らいさんよう》は『日本外史』の中で、早雲を室町幕府政所《まんどころ》執事伊勢貞親の弟貞藤の子と記した。

その後明治の末に次のような早雲書状が発見され、これをもとに田中義成博士が、早雲は京都伊勢氏ではなく、じつは伊勢の関氏の一族であると提起し、早雲素浪人説が一般にも広まっていったのである。

この早雲書状は自筆で、日付の九月廿一日は永正三年（一五〇六）と推定される。時に早雲は七十五歳であったが、今川氏親《うじちか》の要請によって三河《みかわ》に出陣した。それは、松平長親《ながちか》の勢力におされた田原の戸田弾正《だんじょう》忠憲光《のりみつ》が、今川氏に救援を求めてきたためで、氏親は早雲とともに三河に出兵した。早雲はこの三河の陣中において、同じく今川氏親の要請によって三河横林に布陣していた信濃《しなの》国松尾城主小笠原定基《さだもと》に書状を送って好《よしみ》を求めたのであった。

未《いま》だ申し入れず候と雖《いえど》も、次でを以て啓《けい》せしめ候。よつて関右馬允《うまのじよう》方の事、名字《みようじ》は我等と一躰《いったい》に候。伊勢国関と申す所に在国せしに依り、関と名乗り候。根本は兄弟より相分《あいわか》るる名字に候。さ《(左)》様の儀を以て、只《ただ》今別して申し通じ候。諸事御等閑《ごとうかん》なきの由申され候。別して我等忝《かたじけ》なく存じ候。以後は、関方同前に御等閑なく候はば満足たるべく候。次に当国田原弾正に合力のため、氏親罷《まか》り立たれ候。拙者も罷り立ち候。御近国の事に候間、違儀候はば憑《たの》みに存ずべく候。然《しか》るに今橋要害悉《ことごと》く引き破り、本城の堀岸に至って陣を取り候。去る十九卯《う》の刻《こく》に、端城《はしじろ》に押し入り、乗取り候。爰元《ここもと》急度《きっと》落居候はば重ねて申し展《の》ぶべく候。よって太刀一腰（作助光 金覆輪）を進ぜ候。祝儀を表はす計りに候。此の旨御意《ぎょい》を得べく候。恐々謹言。

（永正三年）九月廿一日　　宗瑞《そうずい》

謹上　小笠原左衛門佐（定基）殿

御宿所

（早雲寺文書）

文意は、いまだお便りをいたしませんが、ついでに申し上げます。そこで、関右馬允は名字が拙者と同じであります。伊勢国の関という所に居住していたので、関と名乗った次第です。根本は兄弟から分かれた名字であります。そのようなわけで、ただいまとりわけ音信を通じ合っております。右馬允も諸事に疎略にはしないと申されております。とりわけ拙者もかたじけなく存じております。今後は関方と同様に親しくしていただければ満足に思います。つぎに、当国三河の田原弾正を助けるため、今川氏親殿が出馬されました。拙者もそのお供をして出馬してきました。信濃は近国の事ですから、異変がありました時はお頼みしたいと思います。しかし、現在のところ、今橋の要害をことごとく討ち破り、本城の堀岸に陣取りました。去る十九日の卯《う》の刻《こく》に、端城《はしじろ》に押し入り、これを乗っ取りました。こちら松平氏の本城をやがて陥落させたならば、またお知らせしましょう。そこで、助光作の金覆輪《きんぷくりん》の太刀一腰を進上いたします。祝儀のお印にすぎませぬ。この旨をよろしくご了承ください——というものである。

署名の「宗瑞」は、彼の法名、早雲庵宗瑞の号を略したものである。また文中にある「田原弾正」は三河田原城主戸田弾正忠憲光、「今橋」は松平長親の属城で、松平家臣牧野古伯成時の守る今橋城（豊橋）、「本城の堀岸」は、松平長親の本城の堀岸のこと。そして「関右馬允」は、伊勢国関の豪族で、平重盛の次男の資盛《すけもり》から出自した伊勢平氏の一族と考えられている。

つまりこの書状は、早雲が小笠原定基に宛てて、自分が関右馬允と同族の出身であることを明かして親睦《しんぼく》を求め、戸田弾正忠憲光を救援するために、今川氏親ともども三河に出馬し、すでに松平氏属城の今橋城を占領し、現在は本城の堀岸にまで迫っており、その陥落も間近いであろうと報じたものである。

早雲出自の謎

先に述べたように、早雲の前半生すなわち駿河今川氏の食客となる以前の彼の素姓については、確かな史料がなく謎に包まれていた。が、この早雲自筆書状の出現により、早雲が伊勢国出身、または伊勢の関氏と同族の伊勢平氏の子孫とする新たな早雲像が浮かび上がってきた。

そののち、第二次世界大戦後における後北条氏研究の隆盛とともに、早雲の出自についての研究もさかんとなった。中でも最も注目されたのは、早雲の前名といわれる「伊勢新九郎」を追跡することであった。その結果、室町幕府とその周辺の記録に「伊勢新九郎盛時」なる人物が存在していたことが明らかになった。そしてそれらの記述をもとにした研究が相ついでなされ、伊勢新九郎盛時は、応仁の乱が起こる少し前の頃には足利義視《よしみ》（義政の弟）の近侍にあり、乱中に一時駿河に下向したが、再び上京し、文明十五年（一四八三）から四年間ほど幕府の申次衆《もうしつぎしゅう》という役職にあった。また、この伊勢新九郎盛時の名は、文明十九年を最後に幕府周辺から見えなくなり、代わって駿河今川氏関係の史料に再びその名をあらわすようになるといい、その両者が同一人物であることを証明する手がかりも発表された。さらに、伊勢新九郎盛時の出自についても、従来の幕府政所《まんどころ》職伊勢氏の一族とするほかに、備中《びっちゅう》国荏原《えばら》荘半分の領主に伊勢盛時なる人物がいたことが明らかにされ、さらに彼は、じつは備中高越山《たかこしやま》城主伊勢盛定の子であったという説も出されている。

このように、早雲の氏素姓については、かなりその実像が明らかにされつつある。しかし、幕府申次をつとめた伊勢新九郎盛時が、はたして備中高越山城主伊勢盛定の子であるのか、また備中伊勢氏と幕府政所職伊勢氏とはどのような関係にあるのか、さらに幕臣の伊勢新九郎盛時と今川氏の食客となった伊勢新九郎とが、本当に同一人物であるのかなどといったことについても、いまひとつ決定的な史料による確証に乏しく、いまだに謎《なぞ》は残されている。

躍進の秘訣

早雲が、今川氏から駿河興国寺城を与えられ、一城の主になったのは長享《ちょうきょう》元年（一四八七）で、この時五十六歳であったから、戦国武将の中では最もスロースターターであったといえるだろう。しかも驚くべきは、早雲のいわゆる下剋上《げこくじょう》が、その後八十八歳で没するまでの老年に行われたことである。しかしその成功の秘訣は、彼が単なる謀略のみならず、用意周到な計画と民心の把握を心がけた経営マンであったことによるものと思われる。

戦国末期の連歌師宗長は、早雲は日頃針を倉に積むほど蓄えをしているが、軍事にあたっては玉を砕くほど無造作に使った――と批評している。彼が細心に用意をし、しかもひとたび必要となれば大胆に行動する男であったことが知られる。また彼は、剛柔両様の政策をもって領国経営を行っている。

たとえば、早雲が興国寺城主の頃、百姓を憐《あわ》れみ、所領の年貢《ねんぐ》を減免したので、領民らは、まことによいご領主さまにめぐりあったものよ――と心から喜んだというが、一方では蝮《まむし》のような残忍さも示している。堀越公方の属将関戸吉信の深根城を攻めた時には、吉信をはじめ、女・子供に至るまで、一人残らず首を切り、城のまわりに千余りの首をかかげた。そのため、これをみた伊豆国中の侍が、その威に恐れて早雲の陣営に馳《は》せ参じたという。つまり早雲は、靡《なび》くものには慈愛の眼を向け、逆らうものには鬼神をも恐れさせるような態度でのぞんだのである。

彼は同じようにして、武士だけでなく、領国の百姓・職人の心をも見事にとらえている。たとえば、風邪の病が流行すると、五百人の兵士と十七日の日数を費やして病人に薬と食物を与え、病の流行を鎮めた。そして民政の基本原則を明らかにし、従来、侍らが年貢を過分に取りすぎたため、百姓が疲れてしまった。そこで今後は、年貢を十分の五取るところを十分の一まけて、十分の四を地頭が取ることにせよ。もしこの法度《はっと》に背く地頭がいたら、百姓らは訴え出よ。その地頭を追放する——という、有名な後北条氏四公六民の税制を定めたといわれている。『北条五代記』には、早雲が諸税を軽減すれば「地頭と百姓和合し、水魚の思ひをなすべし」、つまり減税によって役人と国民が和合し、国内が平和に治まると語ったことが書かれている。

また、伊豆国乗っ盗りの際のこと、修善寺《しゅぜんじ》温泉で入浴をしながら伊豆国の内情をつぶさに偵察していた早雲は、時を得ると急ぎ興国寺城に帰り、兵を集めた。すると興国寺城のまわりの百姓たちまでが、累年の御恩を忘れることはできない。武士も百姓も気持ちは同じである。早雲殿を一国の主にしたいと思っていた。命を捨てることも惜しくはない——と馳《は》せ参じたという話も伝えられている。これも早雲の巧みな人心把握とピーアールの結早雲は新しい時代感覚を身につけた人物であった。それは彼が官位にこだわらなかった点にもうかがえる。彼が自分で官名を署したという確かな書類は一つもみあたらない。しかし昔から早雲の評判はよくない。ことに江戸時代、関東は徳川家の地盤であったから、ことさらに早雲を誉《ほ》めることが避けられたのかもしれない。それに、早雲寺に伝わる墨染の衣に褐色の袈裟《けさ》をまとった早雲の画像が、まるで狡猾《こうかつ》なキツネが法衣を着たような感じを与え、人々に奸雄《かんゆう》とか梟雄《きょうゆう》とかいったイメージを抱かせるのであろう。けれども、一介の食客から身を起こして最初に戦国大名として名を揚げただけあって、毀誉《きよ》褒貶《ほうへん》はさまざまあるにしても、やはり傑物中の傑物といってよいであろう。

足利義稙

文正元年（一四六六）—大永三年（一五二三）

幕府政治の難渋について弁解

足利政権の力が弱まり、都も地方も争乱の続く中で、将軍の生命さえおびやかされるようになる。

永正十年（一五一三）三月十八日、京都の町は大騒ぎになっていた。時の将軍足利義稙《あしかがよしたね》が、前夜のうちに御所から姿を消し、行方がわからなくなっていたからである。

驚いた諸大名や公家衆たちが幕府に駆けつけ、事態を心配された後柏原《ごかしわばら》天皇も、勅使を遣わされて義稙の所在を尋ねられた。じつはこの時義稙は、細川高国や大内義興らの専横を怒り、わずかな近臣を従えただけで、ひそかに近江甲賀《おうみこうが》へ出奔《しゅっぽん》していたのであった。

義稙はこの出奔事件を起こす十日ほど前に公家の高官に宛てて、次のような手紙を書いていた。

世上《せじょう》の儀、万《よろず》成敗に応ぜず候の間《あいだ》、退屈せしめ、ふと思ひたち候。今の時分、定めて疎略の様に思食《おぼしめ》され候へども、何共れうけん（料簡）に及ばず候まま、此の分に候。緩怠《かんたい》なき心底は上察あるべく候。目出たく天下静謐《せいひつ》の念願候。今ちと心ながく相待たれ候べく候。此《こ》の旨、自然《じねん》の時は、其《そ》の心を得らるべく候也。謹言。

(永正十年)三月七日　(足利義稙)(花押)

(近衛家文書)

文意は、世間のことは、すべてにつけ自分の命令や裁決に応じないので、じっと籠居《ろうきょ》しております。今の時世、お上《かみ》に対して定めて疎略にしているようにお思いでしょうが、何分にも料簡に及ばないのです。これも緩怠の心あってのことでないことだけはご賢察くださいますように。めでたく天下泰平の日の来ることを念願しております。いま少し、心長くお待ちください。いつかお心を得られるようになりましょう――というのである。

宛名が欠けているが、この手紙は近衛《このえ》家に伝えられたものであることから考えると、前《さきの》左大臣近衛尚通《ひさみち》に送ったものであろう。義稙は、すでにこの時出奔を決意し、尚通に、自分の思いのままにならない幕府政治の現状について弁解し、理解を求めたのであろう。

哀れなロボット将軍

人間というものは、目的や自信を失うと、これほどまでにその性格が変わってしまうものなのであろうか。

義稙は前名を義材《よしき》・義尹《よしただ》といった。すなわちあの細川政元のクーデターによって京都を追われたが、苦節十五年を経て将軍に復職した人物である。将軍復帰への執念に燃え、十五年にもおよぶ流浪《るろう》の日々を耐え抜いたのであるから、元来、義稙はよほど強い精神力の持ち主であったにちがいない。

たしかに、かつての義稙には、不撓《ふとう》不屈の雰囲気があふれていた。たとえば、細川政元のクーデターにあい、京都を脱出して越中《えっちゅう》に入った義稙が、勢力の挽回《ばんかい》を心中に覚悟と定め、檄《げき》を四方に発して諸大名の協力を求めていた頃の御内書《ごないしょ》が数通残っている。御内書とは、足利将軍が発給する書状形式の文書のことである。その中の豊後《ぶんご》守護大友義右《よしすけ》宛てのものには、「今度の細川右京大夫政元の所行《しょぎょう》、希代《きたい》の企て言語道断《ごんごどうだん》の次第、所詮《しょせん》、退治を加ふべき」とあり、いかにも力強い。

また義稙は将軍としては珍しい剣客でもあった。殺し屋をみずから撃退したというエピソードもある。それは将軍に復職してから間もない永正六年（一五〇九）十二月二十六日の深夜のことであった。近江にいる前将軍義澄《よしずみ》の放った円珍《えんちん》という殺しの名人が、三名の下人とともに義稙の寝所を襲った。義稙は三人の近習とともに、刀を振るって防戦したが、味方は苦戦、義稙の烏帽子《えぼし》・着物などもズタズタに斬《き》り裂かれ、身体《からだ》からは鮮血が流れた。しかし落ち着いた義稙は、燈《あかり》を消して身を潜めた。闇《やみ》の中で視界を失った殺し屋たちは、近臣の死体を義稙と思い込み、引き上げていった。さいわい、義稙の疵《きず》は浅かった。これは『拾芥記《しゅうがいき》』『瓦林政頼記《かわらばやしまさよりき》』に記す義稙の奮闘ぶりである。流浪の日々の中で身につけた武芸が、殺し屋の襲撃から義稙の生命を守ったのであった。

しかし、それからわずか数年ほどの間に義稙からは気迫がすっかり失われてしまっていたようである。将軍職に返り咲いた義稙であったが、そのじつは管領細川高国や大内義興らの実力者たちにかつがれたロボットにすぎなかった。近臣たちの非法や独断専行ぶりも目にあまる。それだけではない。当時は、応仁の乱後の混乱がいまだ収まらず、朝廷や伊勢神宮は荒廃し、都には群をなした盗賊が横行し、地方では一揆《いっき》が頻発していた。しかし世間では、そうした諸悪のすべてが将軍義稙の無能によるものと批難を浴びせていたのである。

この永正十年三月の義稙の出奔は、そうした彼をとりまく社会の現状に、将軍としての誇りも自信も失い、すっかりノイローゼに陥ってしまったことに原因があったものと思われる。

さて、将軍の蒸発という椿事《ちんじ》に、世間は仰天した。伊勢神宮や東寺では義稙帰洛《きらく》の祈りが行われたという。事態を憂慮した幕閣たちは額を寄せ合って協議の末、近江甲賀の義稙に対し、細川高国、大内義興らが謝罪し、誓書を進めて以後は将軍の命に背かないことを約束した。これにより義稙は五月三日に帰京し、出奔騒ぎは一件落着となったのである。

しかし、このように義稙がいかに力んでみても、すでに屋台骨の傾きはじめた足利将軍家の威勢をとりもどすことはできなかった。幕府の権力を牛耳ろうとする実力者が、つぎつぎとあらわれ、将軍家をおびやかしたのである。

永正十六年の暮、義稙は再び京都を出奔し、四国の阿波《あわ》に身を隠した。やはり細川高国の横暴に我慢がならなかったからである。間もなく京都では、高国が、前将軍義澄《よしずみ》の子、義晴《よしはる》を十二代将軍に立てた。

しかし、もはやこの頃の義稙には、あの細川政元打倒に燃やしたような情熱は失せていた。「流れ公方」などという嘲笑《ちょうしょう》にも似た世間の俗称をも甘んじて受けながら、大永《たいえい》三年（一五二三）四月七日、阿波の撫養《むや》で五十八歳の生涯を閉じている。

なお、この義稙の阿波への出奔後、将軍にかつがれた義晴も、やがて細川高国とともに京都での実権を失い、約七年もの間、近江に滞留を余儀なくされる。この間に高国と対立する管領細川晴元は、三好元長《もとなが》・柳本賢治《やなぎもとかたはる》らとともに、前将軍義澄の子、義維《よしつな》を阿波から迎えて「堺公方《さかいくぼう》」と称して、近江の義晴・高国らに対抗したのであった。

武田信玄

大永元年（一五二一）―天正元年（一五七三）

寵童に宛てた誓紙

戦国時代の関東の地では、群雄として台頭した武田信玄と北条氏康、それに越後から三国峠を越えて侵入した上杉謙信が加わり、あたかも中国の『三国志』の魏《ぎ》・蜀《しょく》・呉《ご》による「天下三分の計」を連想させるかのような三つ巴《どもえ》の戦いをくりひろげたのであった。

武田信玄といえば、上杉謙信とともに戦国時代の花形スター的存在である。彼らは甲斐《かい》や越後《えちご》という僻遠の、地の利の悪さゆえに天下取りにこそなれなかったが、両者いずれも信長・秀吉・家康をも恐れさせたほどの強豪であった。その強豪同士が川中島で雌雄を争い合ったのだから、二人に人気が集まるのも当然であろう。

それに、謙信と信玄の対照的なほどの性格の相違は、川中島の血戦劇をより面白いものにしている。謙信と信玄を扱う歴史小説やドラマのほとんどは、昔かたぎの熱血漢謙信に対して、武田の軍旗「風林火山」の旗のごとく変幻自在な信玄といったイメージで描かれるのが普通である。たしかに信玄という人物は千変万化だ。ここに紹介する手紙は、信玄が春日源助《かすがげんすけ》という寵童《ちょうどう》に与えた自筆の誓文《せいもん》である。信玄が源助に対してこのような誓文を書いたのは、察するところ、信玄が弥七郎という少年と寝ているという噂《うわさ》を聞いた源助がひどく腹を立ててしまったので、その怒りを鎮めようとしたものと思われる。

誓詞《せいし》の意趣《いしゅ》は、次のようなものである。

一、弥七郎に頻《しきり》にたびたび申し候へども、虫気《むしけ》のよし申し候あひだ、了簡《りょうけん》なく候。全く我が偽《いつわり》になく候事。

一、弥七郎伽《とぎ》に寝させ申し候事これなく候。この前にもその儀なく候。いはんや昼夜とも弥七郎とかの儀なく候。なかんずく今夜は存じも寄らず候の事。

一、別して知音《ちいん》申したきまゝ、色々走り廻《まわ》り候えば、かへって御うたがい迷惑に候。この条々いつはり候はば、当国一、二、三大明神、富士、白山、殊に八幡大菩《はちまんだいぼ》薩《さつ》、諏訪《すわ》上下《かみしも》大明神の罰を蒙《こうむ》るべきものなり、よって件《くだん》の如《ごと》し。

内々宝印《ほういん》にて申すべく候へども、甲役人《こうやくにん》多く候あひだ、白紙にて、明日重ねてなりとも申すべく候。

七月五日　晴信（花押）

春日源助との

（東京大学史料編纂所蔵）

誓文は三か条からなり、大意は、わしが過去に弥七郎に言い寄ったことはあるが、そのつど彼は虫気《むしけ》（腹痛）を理由に断ってきた。これまでに弥七郎と寝たことはない。昼夜ともにそのようなことはなく、まして今夜などもその気があろうはずもない。お前ととくに親しくしたいと思っていろいろ手をまわすと、かえって疑われる結果となり、困りはてている――といい、甲州一の宮（山梨県東八代郡一宮町浅間神社）、二の宮（山梨県東八代郡御坂《みさか》町美和神社）、三の宮（山梨県甲府市国玉町玉諸《たまもろ》神社）の大明神、富士（静岡県富士宮市富士浅間神社）、白山（山梨県南都留《みなみつる》郡河口湖町白山神社）ら領国内の神々、および源氏の氏神の八幡大菩薩、諏訪大明神の神罰にかけて偽りでないと誓い、文末に、宝印にて申すべきところであるが、甲府の役人（甲すなわち士分の役人とも思われる）の目がうるさいので白紙に書いた。明日にでも重ねて書こうとつけ加えている。宝印とは正式の起請文《きしょうもん》に用いられる料紙であり、木版で神仏が紙面に印刷されている。この宝印を裏がえして誓文を記すのがしきたりであった。

宛名の春日源助は、のちに高坂弾正虎綱《こうさかだんじょうとらつな》と名乗って武田家の重臣となり、また武田流軍学書として名高い『甲陽軍鑑』の著者である。通説では甲州石和《いさわ》の百姓の子であったが、天文《てんぶん》十一年（一五四二）十六歳の時信玄に仕え、美男ゆえに破格の出世をしたという。

年号が記されていないから、この手紙がいつのものか分明でない。ただ、晴信《はるのぶ》という署名から考えれば、これは十六歳で元服した天文五年（一五三六）から、出家して信玄を名乗る永禄《えいろく》二年（一五五九）三十九歳の時までのものであることは確かだ。寵童《ちょうどう》対象としての春日源助の美貌《びぼう》から想像しても、やはり源助が信玄に仕えて間もない頃と思いたい。官《かん》途《と》名の弾正と呼ばれていないことも、成人前の源助を連想させる。とすると、信玄二十五歳前後の頃の手紙だろうか。

夢とロマンにあふれた男

この信玄の誓詞の文面は、春日源助という一介の家臣に与えたものにしては、いかにも丁重にすぎ、むしろ恋人に宛てたラブレターそのものといった感を受ける。

それにしても、寵童に宛てた誓詞など、そうざらにあるものではない。川中島のライバル謙信が、生涯不犯《ふぼん》といわれたのに対し、信玄は五人の妻妾《さいしょう》をはべらせて、七男五女を産ませ、そのうえ男色の気さえあったのだ。

もっとも、寵童を愛したのは信玄だけではなかった。中世から近世初期にかけては、男色すなわちホモセクシュアルが不自然で不潔なものとは意識されず、むしろ男女間の恋愛よりも美しいとさえ考えられていたという。

信玄が同性愛を行っていたとは、なんとも意外であろう。しかしこうしたことが、少しも信玄の人気を損ねる要素《そこ》になっていないのは不思議である。それは彼が内政・外交の両面に、現代における辣腕《らつわん》の政治家や経営者などを連想させるからかもしれない。信玄は軍略の名人であったのみならず、政治の天才でもあった。あざやかなほどの外交の巧みさをもって隣国の信濃《しなの》や駿河《するが》を奪い、その死の直前には反信長勢力の越前《えちぜん》の朝倉、近江《おうみ》の浅井《あざい》、伊勢《いせ》の北畠、大和《やまと》の松永、摂津《せっつ》の本願寺、遠く中国地方の毛利《もうり》などと結んで上洛《じょうらく》を計画したほどである。

領国経営にも卓越した才腕をみせて農・工・商業の振興をはかった。ことに釜無《かまなし》川に堤防を築き甲府盆地を水害から守った治水事業は、後世、信玄堤として高く評価されている。信玄には、隠し温泉とか隠し金山などというエピソードが多いが、これも彼の鉱山開発から生まれたものだろう。「人は城、人は石垣、人は堀、なさけは味方、あだは敵なり」という古歌は、信玄の作として知られている。その真偽は当てにならないが、仁政を施し、民百姓を心服させる人使いのうまさを物語るものだろう。信玄が制定した分国法「甲州法度之次第《こうしゅうはっとのしだい》」の中で、「信玄自身が法度に背く行いをしたら貴賤《きせん》を選ばず、誰でも訴え出よ」と述べて票をかせいでおきながら、裏では、僧侶《そうりょ》、商人、馬喰《ばくろう》などに仕立てた忍者を国の内外に放って、情報収集につとめていたのだ。

この誓詞の文末で、誓いの文《ふみ》は神符の牛王《ごおう》宝印を押した起請紙に書くべきであるが、甲府の役人の管理が厳重で入手できなかったから、とりあえず白紙に書き、後日重ねて宝印の起請文を与えよう、などといっているが、抜け目のない信玄のこと、あるいはこれも、ちゃんと心得た上での社交辞令であったのかもしれない。

大内義隆

永正四年（一五〇七）―天文二十年（一五五一）

異変の際にはよろしく頼む

西国に大勢力を誇った大内氏も、やがてその領国を失うことになった。人にはやはり、性質によって、向き、不向きというものがあるようである。義隆という男なども、もしかりに泰平の世に生まれていたなら、おそらく教養豊かな文化人として、輝かしい生涯を送ったことであろう。

だが、戦国乱世に生をうけたばかりに、その文化人的資質がかえって禍《わざわい》を招き、家臣の周防守護代《すおうしゅごだい》陶隆房《すえたかふさ》（のち晴賢《はるかた》）の叛乱《はんらん》にあい、領国を奪われ、家をも滅ぼしてしまったのである。

天文《てんぶん》二十年（一五五一）の正月といえば、もはや陶隆房の主家乗っ取りの野心が世間にも噂《うわさ》され、不穏な雲行きが漂っていた頃である。

義隆は安芸《あき》国の毛利元就《もとなり》に宛てて、次のような手紙を書き送っていた。

家中の事、若し錯乱に及ぶに於《お》いては、国の面々合力あるべきの由、申し遣はし候。

定めて別儀あるべからず候。諸勢また遅々《ちち》すべからず候。猶《なお》、委細、隆通《(太田)》申すべく候。恐々謹言。

(天文二十年)正月廿七日　　義隆（花押）

(元就)毛利右馬頭殿

（毛利家文書）

文意は、大内家中にもし錯乱、すなわち叛乱とか騒動とかいった変事が起こった場合には、毛利の支配下にある安芸や備後《びんご》などの国々の諸将とともに来援されたい。その際には格別の事情などを申してはならぬ。諸勢また遅れることのないように。なお、委細については、側近の臣である太田隆通が申すであろう——というのである。

大内家内部の錯乱に対して、みずからの行政手腕をもって、大内家臣団の統制・綱紀粛《こうきしゆく》正《せい》をはかるというのではなく、はじめから他人の力を当てにしているのだ。なんと呑気《のんき》な話であろう。これでは、錯乱を待っているようなものである。

文芸におぼれた貴族大名

義隆は、永正《えいしょう》四年（一五〇七）、大内義興の長男として周防国山口に生まれた。父の義興は中国地方から北九州にかけて、七か国の守護職を握り、また、細川政元のクーデターによって将軍の座を追われた十代将軍義材《よしき》（義尹《よしただ》・義稙《よしたね》）を援けてふたたび将軍職に返り咲かせ、その補佐として約十年間にわたって幕府の実権を握ったほどの敏腕政治家である。

しかし、義隆はこのような父に似ず、生来、戦争や政治よりも、学問や文芸・芸能といった文事に心ひかれた文人であった。彼のこのような公家的な資質は、大内家歴代の京文化への憧《あこが》れの伝統と、応仁・文明の大乱の戦禍を逃《のが》れて多数の貴族や高僧たちが疎開してきていた山口の城下で育ったことにもよるものであろう。

義隆の公家好みは、異常なほどである。正妻は京都の公卿万里小路《までのこうじ》秀房の娘であるし、側室らもすべて京都貴族の娘であった。そして、朝廷の文書を掌《つかさど》っていた官務家《かんむけ》の小槻宿禰《おつきのすくね》伊治《これはる》を招いて、大内氏の文書を起草させ、また朝廷や幕府に莫大《ばくだい》な献金を行って、空名にすぎない大宰大弐《だざいのだいに》の官職を買い、領国内に公布する自分の文書を平安時代の大宰府公文書の形式にならって書かせている。さらにその後も献金を重ねて、兵部卿などという、当時としてはまったくの虚名の官職を称して、得意になっていたのである。

また義隆は公家的な学問や芸能を好み、和歌、連歌、漢詩文をよくし、有職故実《ゆうそくこじつ》に通じ、その他催馬楽《さいばら》・今様《いまよう》・朗詠などの郢曲《えいきょく》、それに舞楽や能楽にも興味を示している。

義隆のこのような公家文化への憧憬《どうけい》ぶりは、田舎大名の中央文化に対するコンプレックスのようにもみえる。しかし、義隆の諸芸道の素養は旦那芸《だんなげい》を超えていたらしい。山口の大内館《やかた》は、義隆に招かれて京都から下向した一流の文化人たちが、頻繁に出入りしていた。

だが、こうして義隆が京風の文化にうつつをぬかしているうちに、大内家の内部は、武断派と文治派との両派に分かれて対立しはじめた。武断派は陶隆房をはじめとする大内譜代の武将であり、文治派は相良武任《さがらたけとう》のような義隆の側近で、諸芸の相手をつとめた寵臣《ちょうしん》たちであった。

やがて陶隆房は、義隆に代わって大内氏の領国を支配しようという野心を抱きはじめ、自分の本拠地富田《とんだ》城に引き上げて出仕しなくなった。

陶隆房が、長門《ながと》守護代内藤興盛や、豊前《ぶぜん》守護代杉重矩《しげのり》らと共謀して、叛乱《はんらん》を起こしたのは、天文二十年(一五五一)八月、すなわちこの手紙が書かれてから約半年余りのちのことであった。京都から来ていた前《さきの》関白二条尹房《これふさ》・前左大臣三条公頼《きんより》らと酒宴を張っていた義隆の大内館は、突如として叛乱軍の襲撃を受けた。義隆は夜陰に乗じてからくも脱出したが、京都から来た客人たちはみな捕殺されている。

義隆は叛乱軍鎮圧のための兵を募《つの》ったが、大内譜代の家臣も集まらなかった。政治を忘れた義隆の遊芸好みは、陶隆房のみならず、大内家重臣たちの反感をも買っていたのであった。

変事を毛利に告げて救援を求めようとしたが、通路は固く遮断されていた。覚悟を定めた義隆は、深川の大寧寺《だいねいじ》に入って腹を切って果てた。

時に天文二十年九月一日、享年四十五。他人の力のみを当てにし、みずから軍事力の強化をはからなかった文人大名の哀れな最期《さいご》であった。

義隆の死によって、大内氏の正統はとだえた。

陶隆房は、豊後の大友義鎮《よししげ》（宗麟《そうりん》）の弟晴英《はるひで》を迎えて主君に立て、大内義長と改めさせて実権を握るが、やがて数年後の弘治《こうじ》元年（一五五五）十月、毛利元就と厳島《いつくしま》に戦って討ち滅ぼされる。

斎藤道三

明応三年（一四九四）―弘治二年（一五五六）

末子に与えた遺言状

中部地方では、美濃《みの》を平定した斎藤道三《どうさん》が、梟雄《きょうゆう》として恐れられていた。

斎藤道三といえば、異名の蝮《まむし》さながらに、一介の油売り商人から身を起こし、直接の主人をも追い払って、美濃の大名にのし上がったという国盗《と》り物語の主人公として知られている。もっとも、近年、じつは美濃の国盗りは道三の父と道三の二代がかりで行われたという新説も出され、いまひとつ実像がはっきりとしない人物である。

だが、いかに個人の才能や力量が高く買われた戦国の世でも、それだけで一国を支配する大名に成り上がることは不可能である。つまり、戦国時代の美濃には、道三のような流れ者に国を乗っ取られるだけの弱みがあったというべきである。しかし、その国盗りの主人公である道三も、結局は我が子に殺されて一代を終えたのである。

弘治《こうじ》二年（一五五六）正月、斎藤義龍《よしたつ》は父道三を討つために、稲葉山に兵を挙げた。道三が、嫡男の義龍を廃して、二人の弟のいずれかに斎藤の家を継がせたいと考えているという噂《うわさ》が、義龍の耳に入ったからである。

義龍の挙兵を知った道三は、隠居所の鷺山《さぎやま》に拠《よ》って対抗した。だが、美濃の将士のほとんどが義龍に味方したために、道三は敗れ、北野に退き、城田寺に入った。四月になって再び長良《ながら》川畔に出陣して、義龍の軍勢に決戦を挑んだが、同月二十日に敗死した。道三はこの敗死の前日、末子に宛てて、次のような遺言状を書いていた。

態《わざ》と申し送り候意趣《いしゅ》は、美濃国の大桑《おおが》に於《おい》て、終《つい》には、織田上総介《かずさのすけ》の存分に任すべきの条、譲状を信長に対し渡し遣はし、其《そ》の筈《はず》の為《ため》に、下口《しもぐち》へ出勢眼前なり。其の方の事、堅約《けんやく》の如《ごと》く、京の妙覚寺へ登られ尤《もっと》もに候。一子出家、九族生天《きゅうぞくしょうてん》といへり。此《こ》の如《ごと》く調《ととの》へ候も一筆泪《なみだ》ばかり。よしそれも夢、斎藤山城、至りて法花妙体《ほっけみょうたい》の内、生老《しょうろう》病死の苦をば、修羅場《しゅらば》にをゐて仏果を得んぞ嬉《うれ》しき哉《かな》。既に明日一戦に及び、五体不具の成仏疑いあるべからず。げにや捨てだに此の世のほかはなきものを、いづく(何処)かつゐ(終)のすみかなりけん。

斎藤山城入

道三

弘治二年四月十九日

児《ちご》まいる

(妙覚寺文書)

文意は、わざわざこの手紙を書き送るわけは、美濃国の大桑において、領地もついには織田上総介信長の思いのままに任せるほかはないので、譲状を信長に対して遣わし、その約束によって信長が大浦村の下口まで出勢してくるのは目前のことである。さて、そなたはかねての約束どおり、京都の妙覚寺へのぼるがよかろう。一人の子が出家すると、九族が天に生まれるという。このように手紙を調えているうちも、一筆ごとに涙の出る思いである。それも夢、この斎藤山城入道道三は、法花妙体の中にあって、もはや生老病死の苦しみを離れ、修羅場（戦場）に至っても仏陀《ぶつだ》の果報を得ることであろうと、嬉《うれ》しく思っている。もはや明日に控えた一戦で、かりに五体不具の身となったとて、成仏は疑いない。まことに、命を捨てるといっても、この世のほかに住むところとてないのに、いったい、どこが最後の住み家なのであろうか。いや、そんなものはない——というのである。

宛名の「児《ちご》」は、道三の子供で、のちに常在寺五世となった日暁《にちぎょう》、もしくは同六世となった日覚《にちかく》のいずれかであろう。道三はこの遺言状の中で、美濃の領国は、濃姫《のうひめ》の婿である織田信長に一任することに決め、すでに譲状までを送ったことを報じ、またその年少の子の一人を、「一子出家、九族生天」という仏教の風習に従って、京都の妙覚寺に入って出家するようにと言い遺《のこ》していたのである。九族とは、高祖・曾祖《そうそ》・祖父・父・自己・子・孫・曾孫《そうそん》・玄孫《げんそん》の九代をいい、戦国武将の間には、大勢の子供の中で、一人でも出家となれば、その果報によって、九族が地獄へは落ちずに天上に生まれ変わることができるという信念がもたれていたのである。京都の妙覚寺は、日蓮宗の名刹《めいさつ》で、道三もかつて峰丸と呼ばれていた少年の頃、父の松浪基宗《まつなみもとむね》のすすめによってこの寺に入り、法蓮坊《ほうれんぼう》と改めて修行にはげんだこともあった。

鼻をそがれた道三の最期

『斎藤軍記』『斎藤由来記』などには、妙覚寺を出てからのちの、道三の国盗り物語が書かれているが、それらに記されている道三には、ただ貪婪《どんらん》に生き抜いた欲望のかたまりしかみることはできない。しかし、この遺言状にみる道三は、熱心な日蓮宗信者であり、しかも謀略家というにはあまりにも弱々しさが感じられ、いまひとつの人間像をみる思いがする。

さて、この遺言状を書き終えた翌日、道三は斎藤義龍の軍勢を迎え討つために、長良川の中ノ渡に出陣した。娘婿の織田信長も、道三を救援するために出兵するという手筈《てはず》がととのえられていた。

しかし、寡勢《かぜい》の道三方は、信長の援軍到着を待たずして敗れ、道三も戦死した。その最期《さいご》は悲惨であった。戦い敗れ、逃げ落ちる道三に、義龍方の長井忠左衛門が追いつき、わたりあった。そこへまた、小真木左源太という武士が駆けつけ、道三の脛《すね》を槍《やり》で力いっぱい払い、もんどり打った道三に飛びかかってそのまま首を掻《か》いた。ところが長井忠左衛門は、最初に道三に槍をつけたのは拙者である——と憤慨した。すると一方の左源太も、首を取ったのはそれがし——と功名争いになった。やがて、忠左衛門は、後日の証拠に——と叫ぶと、いきなり道三の鼻をそぎ取ったという。これは『信長公記』に記されている、道三、六十三歳の最期の場面である。

なお、信長は舅《しゅうと》道三を救援するために進軍していたが、途中大浦口（岐阜県羽島市《はしま》）で道三戦死の報を聞いた。折りしも、尾張《おわり》上平国を支配する岩倉城主の織田伊勢守信安《のぶやす》が、信長出兵の留守をねらって清洲城を奪おうとしていることを知ったため、急遽大浦より清洲へ帰還したのであった。

毛利元就

明応六年（一四九七）－元亀二年（一五七一）

一族の「和」を第一に

大内氏の勢力を引き継いだ陶晴賢《すえはるかた》を厳島《いつくしま》に破った毛利元就《もとなり》は、中国制覇《せいは》の道を開いた。毛利元就といえば、厳島合戦のはなばなしさと、三本の矢の教訓がまず思い浮かぶ。弱肉強食の戦国の世では、どちらかといえば美談の持ち主であり、後世にも人気のある人物といえる。

しかし、厳島合戦は、いわば謀略戦の仕上げであり、しかも主君筋にあたる大内氏の軍隊を追い払った下剋上《げこくじょう》である。また三本の矢の教訓も、正確には後世の偽作なのである。と、わかってみても、やはり元就には頭の下がる思いがする。というのも、元就が、隆《たか》元《もと》・元春《もとはる》・隆景《たかかげ》の三人の子に対して、時には三人宛てに、またある時には個別に書き与えた自筆の遺訓を読むと、彼の生い立ち以来の血のにじみ出るような苦労と努力のさまがうかがわれるからである。

次に紹介する手紙は、隆元に与えた元就自筆の訓戒状である。日付はないが、元就が弘《こう》治《じ》三年（一五五七）霜月《しもつき》二十五日付けで、隆元・元春・隆景の三子に宛てて書いた十四か条からなる長文の訓戒状と同日に書かれたものと思われる。隆元が世嗣であったから、とくに念を入れて、別に書き与えたのである。文中に「巻物」とあるのが、三人宛てのものを指しているらしい。

是《これ》また御披見《ごひけん》の後、返し給はるべく候〳〵。

一、巻物の内に申すべく候へ共、此《こ》の儀肝心に候。おそれながら、三人のためには、守りにも何にもまさる事にて候間《あいだ》、別紙に申し候。三人の間、露塵《つゆちり》ほどもあしざまに成り行き、悪くおぼしめし候はゞ、はや〳〵めつぼう(滅亡)と思召《おぼしめ》さるべく候〳〵。唯《ただ》今《いま》、当家のためは、別に守りも思惟《しい》もあるまじく候。たゞ〳〵此《こ》の儀定めがため、御方《おんかた》両人のためは申すあたはず、子供迄《まで》の守りたるべく候。張良《ちょうりょう》が一巻の書にもまし候べく候。今のごとく、三家無二《むに》に候はゞ、おそれながら、国中の人々にも、小《こ》股《また》はかゝれまじく候。他家他国の恐れもさのみはあるまじく候〳〵。

一、当家をよかれと存じ候者は、他国の事は申すあたはず、当国にも一人もあるまじく候〳〵。

一、三家今のごとく、無二に候はゞ、この家中は御方の御心にまかせられ、小早河《こばやかわ》家中は隆景存分にまかせ、吉川《きっかわ》家中は元春の所存にまかすべく候〳〵。もし〳〵少しもわろ(悪)く候はゞ、先《ま》ず、家中〳〵よりあなづり候て、一か(向)う事は成るまじく〳〵。

然《しか》る間、たゞ当家を初め候て、三家の秘事は是までにてあるべく候〳〵。一巻の書、是にてあるべく候。露程も兄弟あいだわる(悪)きめ(芽)ぐみも候はゞ、めつぼう(滅亡)の基《もとい》と思召《おぼしめ》さるべく候〳〵。吉事重畳《きちじちょうじょう》、申し承はるべく候〳〵。かしく。尚々《なおなお》、めうきう(妙玖)居られ候はゞ、かやうの事は申され候ずるに、何までも〳〵一身の気遣ひと存ずるばかりに候〳〵。かしく。

右馬
元就

隆元まいる

（毛利家文書）

文意は、次のようなものである。

これまたご覧になったあとで、お返し下されよ。

一、巻物の中で申すべきだが、この事は肝心である。恐れ多いが、隆元・元春・隆景ら三人のためには、身の守りにも何にもまさる大切なことであるから、別紙に申し上げる次第である。三人の間が、露塵《つゆちり》ほども悪い仲になり、互いに相手を悪く思うようになったならば、もはや滅亡と思うがよい。ただ今、当毛利家のためには、別に守りも思慮もあるまい。ただただこれを定めることが、隆元と元春・隆景両人のためとなることはいうまでもなく、子供の時代までの守りとなろう。張良（前漢の高祖劉邦《りゅうほう》の軍師）の一巻の書物にもまさることであろう。今のように毛利・吉川・小早川の三家が一体であるならば、恐れながら、国中の人々にもすきをねらって小股《こまた》をかかれることはないであろう。他家や他国から脅《おびや》かされる恐れもそれほどはないであろう。

一、当毛利家がよくなってほしいなどと思うものは、他国のことは申すまでもなく、当安《あ》芸《き》国にも一人もあるまい。

一、三家が今のように一つにまとまっていれば、毛利家中はお前（隆元）の御心のままとなり、小早川家中は隆景の思いどおりとなり、吉川家中は元春の考えのままになるであろう。もし万が一、少しでも家運が悪くなれば、まずは家中の者どもから主家を侮《あなど》るようになり、いっこうに事が成功しないであろう。そうであるから、ただ、当毛利家をはじめとして、三家繁栄の秘訣《ひけつ》はこんなところにあろうかと思う。

一巻の書に述べた要点は、このようなことである。露ほどでも兄弟の間に悪い兆《きざ》しがあらわれたならば、三家滅亡の基と思うがよかろう。吉事を幾重にも重ねてうけたまわることにいたそう。

なお、妙玖《みようきゆう》（元就の正室、隆元・元春・隆景らの生母、天文十四年没）がおられたならば、このようなことはいわないであろうが、いつまでもいつまでも、一身の気づかいと思うばかりである。

戦わずして勝つ知略家

この手紙は、文面からもうかがわれるように、元就が、隆元・元春・隆景の三子に宛てた長文の「巻物」の要点を三か条にまとめて、長男の隆元だけに特別に与えたものである。

全十四か条からなる「巻物」の骨子も、毛利・吉川・小早川三家の将来の処世の秘策を説いたものである。元就はここで、毛利が永続し、吉川・小早川両家が隆昌《りゅうしょう》におもむくためには、隆元・元春・隆景の三子はいうまでもなく、三家が互いに力を合わせていかなければならない。元春が吉川を継ぎ、隆景が小早川を相続したのは、いわば仮りのことである。片時も毛利の家を忘れてはならぬ。毛利家がわずか安芸国吉田三千貫（約三万七千五百石）の地から起こって、しばらくの間に安芸・周防《すおう》・長門《ながと》三か国の主となったのは、まったくの好運といってよい。したがって、他の大名豪族の嫉妬《しっと》を招くのは当然であろうから、お前たち三人は、ことさら共同一致して、毛利のために尽力しなければならぬ。もし不幸にもお前たちがこの父の言をきかず、互いに自分勝手の行いをするなら、その時こそ三家滅亡の時と心得よ――と言い遺《のこ》している。

この元就の言葉は、彼の幼少からの生活環境、忍苦の体験からほとばしり出た真実の願いであったに違いない。元就が安芸一国の支配権を掌握したのは、天文《てんぶん》十九年（一五五〇）五十四歳の時であった。それまでの毛利家は、尼子《あまこ》、大内の対立抗争にはさまれて、弱国の悲哀を味わい続けてきた。そうした中にも時勢を読んで機を待ちながら、吉川家と小早川家に次男、三男を送り込んで勢力を拡大し、のちに「毛利の両川《りようせん》」と称せられた強固な軍団の基礎づくりを進めたのであった。

このような苦しい過去を経験してきた元就は、家の和、一族の和、国の和こそ、いかに大切であるかを痛感していたに違いない。

和を第一とする元就の考え方は、領国統治にもあらわれている。弘治三年（一五五七）の春、元就は毛利家の親類・年寄・家人などのおもだった十六人に、軍規の厳守を誓わせた起請文《きしようもん》を出させ、余白の部分に円い輪を描き、元就と隆元を間に入れて輪を囲むようにサインをさせている。これも、輪は和をあらわすという、元就の巧みな演出であったと思われる。

元就は、武力よりも知略によって中国地方の覇者《はしや》となった。厳島合戦は奇襲戦であったし、婚姻や養子戦略、講和戦略など、戦わずして勝つ知略に通じていた。

毛利隆元

大永三年（一五二三）―永禄六年（一五六三）

錦の直垂拝領を遠慮したい

毛利隆元《たかもと》は、三本の矢の教訓の逸話で知られる元就《もとなり》の長男である。

弘治《こうじ》三年（一五五七）九月の後奈良《ごなら》天皇の崩御とともに皇位についた正親町《おおぎまち》天皇の即位式の費用を作るため、朝廷は諸国の大名に献金を募《つの》った。これに対して、いちはやく大金の献納を申し出たのが毛利氏であった。毛利は、大内や尼子との争奪戦に勝って手にした石見《いわみ》の大森銀山から採鉱した大量の銀を、元就・隆元父子の連名で朝廷に献じた。これによって正親町天皇は永禄《えいろく》三年（一五六〇）の正月二十七日、即位の大礼を行うことができたのであった。

先帝の後奈良天皇の即位式は皇位継承から十年後、さらにその前代の後柏原《ごかしわばら》天皇のそれは、践祚《せんそ》から二十二年後であったことを思えば、四年にして即位式が行えた正親町天皇の喜びはひとしおであった。即位式の終了後、幕府はさっそく毛利父子の勲功を賞して、元就を陸奥守《むつのかみ》に、隆元を大膳大夫《だいぜんのだいぶ》に任じ、菊桐《きくきり》の紋を授け、加えて、元就の次男元春を駿河守《するがのかみ》に任じ、また元就・隆元父子を幕府御相伴衆《おしょうばんしゅう》に列せさせ、隆元を安芸守護とし、錦《にしき》の直垂《ひたたれ》の着用をも許している。

ここに紹介する隆元の手紙は、この中の将軍からの錦の直垂免許の報に接した時のものである。錦の直垂とは、錦地をもって仕立てた直垂のことである。室町幕府では錦の直垂の着用は、御相伴衆など有力大名のみに許されていたが、戦国期になると、功績のあった新興大名に対しても、将軍からの贈り物として特別に下賜するようになった。毛利家には、隆元の子輝元《てるもと》が将軍義輝《よしてる》から拝領したと伝える直垂が現存している。これは赤地の錦に金色の糸で足利《あしかが》将軍家の桐紋を織り出した見事なものである。隆元が免許を受けた錦の直垂というのも、おそらく同様のものであったと思われる。

返々《かえすがえす》、ひたたれ下さるべき子細は、元就武勇、悴家《かせいえ》に於《おい》て先祖を抽《ぬきん》で、当時に於ては又隣国をぬき候て候。かくの如《ごと》きの段、此《この》類なく神妙に思《おぼ》し召《め》され候。然《しか》る時は弥々《いよいよ》その功を尽し候て、将軍家の御守護をもいたし候へと思し召され候間、かくの如くと仰せいださるべきと存じ候〳〵。御心得のために候〳〵。その文言の内共には、そとこの段隆元にも相続致す儀申し聞け候へと、元就に対し仰せ聞かされ候やうにあり度く候〳〵。

追って申し上げ候。先度御折紙《おりがみ》、具《つぶさ》に拝見候。内儀に申し候条々、悉《ことごと》く以て御調《ととの》への由、大慶この事に候。御下着《げちやく》を待ち奉るばかりに候〳〵。

一、此の内ひたたれ（直垂）の事は、この方に於いて申し候ごとく、是《これ》は元就に対し候て仰せつけられ候やうに仰せらるべく候。自然我等にたいし候て下され候ならば、努々《ゆめゆめ》拝領申すまじく候。その段この方も具《つぶさ》に申し達し候ひき。能々《よくよく》下し給ひ候ひずる時の御内書《ごないしょ》の御文言肝要に候〳〵。

一、彼の尊像本望に候。頼み申し候〳〵。拝受申すべく候。万々《ばんばん》御下向待ち奉るばかりに候〳〵。恐惶《きょうこう》謹言。

（永禄三年か）九月十八日　　隆元（花押）

立雪まいる

足下《そっか》御申し給へ

（毛利家文書）

文意は、追って申し伝える。先のあなたからの折紙の手紙ことごとく拝見した。内々に申したことを、すべておさめてくれたよし、大いに喜ばしい。安芸《あき》に帰り着く日を待っている。直垂のことは、父元就に対して賜わるように申し上げよ。自分が頂戴《ちょうだい》するわけにはいかぬ。このことをよく申し上げてほしい。それでも下されようというのなら、その際の将軍の御手紙の文句が大切だ。かの尊像のこと満足に思う。謹んでいただこう。帰国を待っている――。そしてさらに追伸の返し書きでは、直垂を下されるわけは、元就の武勇が毛利家の先祖を抜き、近隣諸国をもしのぐものとなったことを殊勝に思われ、またいよいよ功を尽くして将軍家の御守護をいたすようにと望まれてのことであろう。その将軍のお手紙の中に、そっとこの隆元にも相続させるようにと、元就に申し伝える文言がありたいものだ――といっている。

哀れなる二代目

宛名の「立雪」は立雪斎竺雲恵心《じくうんえしん》。臨済宗の禅僧で、出雲《いずも》安国寺や山口国清寺の住持になり、毛利元就の参禅の師といわれる。また彼は戦国期、安国寺恵瓊《えけい》とともに活躍した毛利家の使僧でもある。この即位費用献金の際にも、朝廷、幕府と毛利氏との折衝にあたっていた。なお、立雪はのちに京都東福寺・南禅寺の住持にまで出世をしている。

隆元は、将軍家がくれるという錦の直垂を、咽《のど》から手が出るほど欲しいくせに、父元就に気がねして遠慮している。何となく煮え切らない感じがする。隆元の手紙をみる時、私はいつも、あまりにも立派で厳しい父をもったために、縮こまって自信喪失に陥ってしまった哀れな子の姿を連想させられる。

隆元の父親である元就と妙玖《みょうきゅう》夫人は、じつにうるさい教育パパ、ママであったようだ。毛利家の後継ぎと期待をかけられていただけに、隆元は他の兄弟たちよりも厳格に育てられた。成人してからも、酒などはかりそめにも嗜《たしな》むな——などと口やかましく説教されていたほどである。有名な元就の教訓状にしても、当時家督の地位にあった隆元の身になってみれば、じつにうるさい内容だ。毛利の家を守るためには和が大切、けっして争ってはならぬ。弟の元春や隆景が過ちを犯しても、心を大きくもって許してやれ——というのである。現に、元春と喧嘩《けんか》した隆元が、思慮の足りなかったことを元就に詫《わ》びた手紙も残っている。毛利家における元就の存在はあまりにも大きく、いつまでたっても父に頭の上がらぬ隆元であった。

隆元は天文《てんぶん》十五年（一五四六）に毛利の家督を継いでいるが、永禄六年八月四日、元気な父に先立って四十一歳で死んだため、のちの毛利家でもはじめは隆元を家督に数えていなかった。調査の結果、享保《きょうほう》年間（一七一六—三六）に改めて正統に加えられたのである。

偉大なる父の名の陰に隠れていたのだ。隆元はある時この立雪恵心に、名将の子には必ず不運の者が生まれる——としみじみと語っている。いかにも哀れなる二代目であった。

三好長慶

大永二年（一五二二）―永禄七年（一五六四）

一族の遺子の教育について訓戒

各地で戦乱の打ち続くなか、畿内《きない》でも熾烈《しれつ》な下剋上《げこくじょう》の抗争が行われていた。

力がものをいった戦国乱世、三好長慶《ながよし》は室町幕府の大立者、細川氏の家来からのし上がって主家を凌《しの》ぎ、十六世紀中頃の畿内の支配権を掌中に収める。しかしそれも束《つか》の間の天下、やがて家臣の松永久秀に奪われてしまう。

長慶は、大永《たいえい》二年（一五二二）三好元長の嫡子として生まれている。幼名を千熊丸《せんくままる》といい、京都の近くで育った。元服して範長《のりなが》と名乗り、のち長慶と改めた。

三好氏は元来、四国の阿波《あわ》・讃岐《さぬき》を治める守護大名細川氏の支配に属する一介の土豪であった。それが十六世紀に入って、長慶の曾祖《そうそ》父《ふ》之長《ゆきなが》が、細川宗家《そうけ》の養子に迎えられて阿波から上洛《じょうらく》した主君澄元《すみもと》の付き人として従ってから、にわかに中央の政界の舞台におどり出る。之長のあと、長秀・元長・長慶と続くが、長慶の前三代の祖先たちは、血で血を洗う戦いのはて、畳の上で死んだものはいない。

長慶の父元長は、細川澄元の子晴元《はるもと》とともに、十二代将軍義晴《よしはる》をロボットにしたてて幕府の実権をにぎった。しかし間もなく、元長の勢力を恐れた晴元は、元長の叔父三好政長や畠山家の武将木沢長政、本願寺門徒らを煽動《せんどう》して元長を攻めさせた。戦い敗れた元長は天文《てんぶん》元年（一五三二）堺《さかい》の顕本寺に追いつめられて自害した。怒りのあまり、みずからの腸《はらわた》をつかみ出し、天井に投げつけて死んだという。

父元長が木沢長政らの謀略によって横死をとげた時、長慶は十歳であった。やがて成人するとともに、長慶は仇敵《きゆうてき》討伐を心中に覚悟と定めて、行動を開始する。機をみて京を脱出して四国へ下ると、天文十一年、淡路《あわじ》・阿波の兵を率いて再び舞いもどり、木沢長政を河内《かわち》の太平寺で血祭りにあげ、ついで、従祖父の政長を摂津《せつつ》に破って殺し、父の無念を散じたのである。

長慶の武威は、いつしか畿内に鳴りひびくものとなった。かつては管領細川氏の支配に服していた摂津や河内・和泉《いずみ》の土豪族たちも、先を争って長慶の配下に馳《は》せ参じた。また長慶の畿内制覇と足並みをそろえて、四国では長慶の弟達が阿波・讃岐や瀬戸内海の支配を固めた。

長慶には三好之康《ゆきやす》・十河一存《そごうかずまさ》・安宅《あたぎ》冬康といった三人の心強い弟がいた。之康は主君の細川持隆を謀殺して阿波の支配権を奪い、一存は讃岐の大豪族十河氏の跡目を継いで勢力を誇り、冬康は熊野《くまの》海賊の子孫として大阪湾一帯から紀州方面にまで勢力をふるっていた安宅氏の姓を継いで、海の頭目として名を轟《とどろ》かせた。こうした弟達の武力を背景に、長慶は畿内随一の強豪にのし上がったのである。
永禄《えいろく》四年（一五六一）四月、摂津の有馬《ありま》温泉へ行っていた弟の十河民部大輔《みんぶのたいふ》一存が湯治の宿で急死した。その後間もない五月の六日、長慶は、一存の遺子である孫六郎・まんみつらの乳母に、次のような自筆の消息を与えた。

（表書）
「御ちの人まいる　　しゆり《（修理）》の大夫《だいぶ》
　御申し給へ　　なが慶　」

なを〳〵しぜんなか事ども申すやから候とも、御たづねあるべく候。まぎれ申す
　事候まじく候。
まご六郎殿、まんみつ殿の事、いづれもみんぶ《（民部）》大夫ときにあいかはらず馳走《ちそう》申すべき
よし、どうみやう《（同名）》・としより《（年寄）》にも申しきけ候。その御心へなされ、ひいきへんぱなく
御いけんかんよう《（肝要）》ニ候。まぎれ候事候はゞ、我々より申しつけ候べく候。いさゝか
御とうかん《（等閑）》候まじく候。そのために一ふで申し候。早々かしく。
五月六日《（永禄四年）》　　なか慶

（九条家文書）

文意は、孫六郎殿、まんみつ殿のことは、いずれも民部大夫一存の存命中と同様に世話をするよう三好一族の者や年寄に申し聞かせた。そのつもりに心得、甘やかしや不公平をすることなく意見することが肝要である。もし行き届かないようなことがあれば、我々から申しつける。少しのおろそかもないように。そのために一筆申しつける次第である。なお、自然に中傷の噂《うわさ》が聞こえるようなことがあっても尋ねようぞ。とり違えることのないように――というのである。すなわち、ここで長慶は、孫六郎らを一存の在世中のそれと変わりなく扱うように一族老臣らに申しつけたことを乳母に報じ、さらに、遺子たちに対する厳格なしつけを命じ、もし及ばないことがあったら長慶が直接意見するとさえいっているのである。なお、二人の遺子の中の孫六郎は、のちに長慶の嫡子義興の死後、長慶の養嗣となる義継である。

畿内乗っとり一番槍

細川氏の家来から、槍一筋で近畿の大大名に成り上がった長慶であるが、彼とほぼ同時代に台頭した毛利元就《もとなり》や斎藤道三《どうさん》に較《くら》べると、同じ下剋上《げこくじょう》男でも、長慶は、少しタイプが異なっている。長慶は、将軍や管領を自在にあやつるだけの力をもちながら、彼自身は従《じゅ》四位《しい》下《げ》修理大夫に任官し、御相伴衆という幕府の重臣に名を連ねているだけで満足していた。幕府を自由にできる権力を握りながら、長慶の目はあたかも守護大名のごとく領国に向いていた。居城もはじめ摂津の芥川《あくたがわ》に置いたが、勢力の拡大とともに、山城と摂《せっ》・河《か》・泉《せん》および大和を結ぶ要衝、河内の飯盛城に移し、この地にほとんど在城していた。古典を好み、和歌や連歌に秀で、堺《さかい》の富商たちと茶の湯を楽しみ、大林宗套《たいりんしゅうとう》に参禅して堺に南宗《なんしゅう》寺《じ》を建て、キリシタンをも理解した文化人ぶりも、まったく伝統的な縉紳《しんしん》の姿である。大徳寺聚光院《じゅこういん》にある彼の肖像もどことなく洗練された気品を漂わせている。

長慶は武略にすぐれていたが、温和さがあった。長慶暗殺をはかった晴元を赦《ゆる》し、将軍へのとりなしをもしてやる寛容さだ。この手紙にも彼の温かい人間性の一端がうかがわれるであろう。だが、このお人好しぶりこそ、したたか者の家臣松永久秀がつけ入る隙《すき》となった。永禄六年（一五六三）長子義興に急死されると無気力となり、安宅殿は御謀叛《ごむほん》を企てておられる——という久秀の讒言《ざんげん》を信じて、弟の冬康を殺した。その直後、みずからも四十三歳で頓死《とんし》した。永禄七年七月四日のことである。世人は久秀の暗殺と噂《うわさ》した。

わが手で築いた覇権をその死とともに失った長慶だが、彼の行動は全国の目を京に向けさせ、群雄の上洛《じょうらく》への野望を刺激した。

足利義輝

天文五年（一五三六）―永禄八年（一五六五）

毛利・大友間の和平について指示

十代将軍足利義材《あしかがよしき》（義尹《よしただ》・義稙《よしたね》）以降、有力守護大名にかつがれたロボットのような室町将軍が多い中で、十三代将軍足利義輝《よしてる》は異彩を放っている。

周知のように義輝は、有名な上泉伊勢守秀綱《かみいずみ》に兵法を尋ね、塚原卜伝《ぼくでん》から奥義一の太刀の伝授を受けたといわれるほどの剣客であった。義輝が、かくも武芸の修練にはげんだのは、父義晴の跡をうけて、天文《てんぶん》十五年（一五四六）十二月、十一歳で将軍となって以来、争乱の中に一日として安穏な時がなかった環境での、自己防衛手段であったのだろうか。

腕に覚えがあった強みからか、義輝には戦国期の他の将軍たちとはちがう、エネルギッシュな個性が感じられる。幕政の実権は三好長慶《ながよし》やその被官の松永久秀に握られ、思うにまかせない状況の中にありながらも、失われた将軍家の権威を回復しようと、前向きな政治姿勢でのぞみ、諸大名間の抗争の和解調停などにも積極的に介入している。義輝が仲介に入った諸氏間の抗争の主なるものとしては、上杉氏と武田・北条氏、島津氏と大友氏、毛利氏と大内・尼子《あまこ》氏などの紛争が挙げられるが、次の文書は、永禄《えいろく》六年（一五六三）に義輝が大友・毛利両氏間の調停にひと役買った際のものである。

御懇《ねんごろ》の状畏《おそ》れ入り候。然《しか》らば、両国和平之段、大方相調《ととの》ふべきやうに承り候。長々御在国、別して辛労共、是非なき題目に候。此度《こたび》相調はず候へば、他国の覚、外聞面目を失ふべく候条、急度《きっと》御才覚この時節に候。其《そ》れに就きて、かな山の事、然《しか》るべく候。両方同心なき上にて御馳走《ごちそう》肝要に候。次に大内あと大友に申し付け候よし、其の辺沙汰《さた》候よし候。ことおかしき段、是非なき次第に候。向後《きょうご》相聞くべき候。この段承り候こと神《かみ》候て初めに候。驚き入り申し候。惣別《そうべつ》大内事はかとあるやうに候間、たれ〳〵申し候共、中々是非なく候。大友かたより今度殿料として三十万疋《びき》差し上《のぼ》せ候間、いづくよりもかやうに用に立ち候こと候はぬに、褒美のため左衛門督《さえもんのかみ》に任じ候こと候。かやうの事を申し候哉《や》と不審に申し候事に候。淵底《えんてい》毛利使僧存知すべく候間、くはしくは申さず候。返々《かえすがえす》、和談の事。よく御調へ候て御上洛《ごじょうらく》然《しか》るべく候。日乗《にちじょう》その辺に逗《とう》留《りゅう》候哉。御隙《ひま》明けれ、早々に御上着此《こ》の事に候。かしく。

(永禄六年)三月廿九日　(足利義輝)(花押)

(聖護院道増)聖もじへ

まゐる申し候

(毛利家文書)

文意は、丁寧なお手紙恐縮です。大友・毛利両国の和平が大略ととのったとのこと承った。長期間の滞在による御苦労申しようもない。しかしこのたびの調停が成功しなければ、世間への面目も失するであろう。かな山（安芸《あき》国佐東銀山荘の地）のこともよろしく頼みたい。つぎに大内氏の遺領を大友氏に与えたなどという風説があるようだが、神かけて初耳のこと。驚いている次第である。だいたい大内のことはとかく人が申すが、なかなかむずかしい。大友方から今度幕府に殿料として三十万疋を献上してきた褒美として、義鎮《よししげ》を左衛門督に任じたため、そのような憶測が生じたのであろうか。はじめからのいきさつは淵底（まったく）毛利からきた使僧が心得ているから詳しくは述べない。くれぐれも和解調停のうえ帰京されたい。日蓮宗の僧朝山日乗も安芸国あたりに逗留《とうりゅう》しているのであろうか。機会をとらえ、早々に上京の途につけるように——というものである。

悲運の剣豪将軍

弘治《こうじ》元年（一五五五）十月の厳島《いつくしま》の奇襲戦に大内氏の主将陶晴賢《すえはるかた》を倒し、破竹の勢いを得た毛利元就《もとなり》は当時、大内氏の遺領をめぐって大友義鎮と熾烈《しれつ》な戦いを展開していた。そこで義輝は永禄六年（一五六三）の正月、両氏の和平斡旋《あっせん》のために、前関白《さきの》近衛尚通《ひさみち》の子で叔父にあたる聖護院門跡にあった道増《どうぞう》を毛利氏に、また久我《こが》晴通《はるみち》を大友氏のもとに派遣し、また朝山日乗には、道増、晴通および義輝との連絡役を命じていた。ところが、毛利に下向した道増から、交渉の経過とともに、大内の遺領を大友に与えたという毛利領内における意外な風説を報じてきた。そこで義輝は道増への返答のためにこの手紙を書き送ったのである。原文は散らし書きの自筆消息である。

毛利領下における風説も、じつは義輝が、大友・毛利両氏対立のさなかに、幕府へ献金してきた大友義鎮に左衛門督の官途《かんと》を与えたことに起因していたというのは、いささか妙な話であるが、ともあれ、ここにも乱世の調停者としての将軍義輝の姿が想像されるであろう。義輝の仲介が功を奏し、毛利・大友間の講和は、翌七年の七月に成立している。

なお、文中にみえる大友義鎮が幕府に献じたという三十万疋《びき》という金額は、貫文でいえば三千貫（千疋＝十貫）であるから、米なら三万七千五百石（千貫＝一万二千五百石）。一貫文（千文）を今の十万円とすれば三億円という巨額なものである。また義輝がこうして大友・毛利間の調停に介入したのも、毛利氏の窮地を救ってやり、多額の御礼を献金させようという計算もあったにちがいない。なにしろ毛利氏は、永禄三年の正親町《おおぎまち》天皇の即位の際に、二千貫（約二億円）を献金した実績のある新興大名であった。

義輝の将軍家の権威回復に対する意欲は強く、しばしば強引な方策さえ断行しようとした。しかし、すでに実力を失っていた幕府にあって、義輝のような武断派将軍は危険であった。幕府をわがものにしようとする連中にとって、やり手将軍は邪魔な存在であった。

政治に意欲的であったばかりに、義輝は暗殺という悲運にみまわれる。

すなわち、永禄八年五月十九日の夜、義輝の二条第《にじょうてい》は、松永久秀と三好三人衆（三好長《なが》逸《やす》・三好政康・岩成友通）の兵に囲まれた。だが、さすがは剣豪将軍であっただけに、その最期《さいご》も壮烈であった。

久秀謀叛《むほん》と知った義輝は、もはやここを死に場所と覚悟を定めたとみえ、少しも動じなかった。近習らが必死に防戦している間に主だった側近と最後の酒盃《しゅはい》をかわし、細川宮内《くないの》少輔《しょうゆう》に一《ひと》さし舞わせ、硯《すずり》をひきよせて辞世の歌を書きつづった。

それからやにわに立ち上がり、数振りの太刀の鞘《さや》を払って床につきたてるや、寄せ手に打って出、縦横無尽に斬《き》りまくった。だが、不覚にも、槍《やり》で足をなぎ払われてころんだ隙《すき》に障子を投げかけられ、どっと多数に組みしかれて、槍で止《とど》めを刺された。享年三十であった。これは『続応仁記』に記されている義輝の最期である。

松永久秀

永正七年（一五二〇）―天正五年（一五七七）

被災した東寺を激励

松永弾正久秀といえば、北条早雲、斎藤道三《どうさん》とともに戦国の下剋上《げこくじょう》三人男とか、梟雄《きょうゆう》などと評されている。駿河《するが》の今川氏に寄食しながら周囲の隙《すき》をうかがい、伊豆・相模《さがみ》を手に入れた早雲。どこの馬の骨ともわからぬ一介の油売り商人から身を起こして美濃《みの》一国を奪い取った道三。室町幕府の管領家細川氏の家宰《かさい》の三好氏の、そのまた家臣からのし上がり、京都の実権を握った久秀。いずれも人並みはずれた謀略と奸計《かんけい》をもって世におどり出た乱世の落とし子のような人物たちである。

永禄《えいろく》六年（一五六三）四月二日のこと、京の都は季節はずれの激しい雷雨にみまわれ、九条の東寺（教王護国寺）の五重塔が、稲妻に裂かれて焼失した。この日の落雷のことは『足利季世記《あしかがきせいき》』に「卯《う》月朔日《ついたち》ニ、雷電オビタヾシクシテ京中震動シ、東寺ノ塔ヘ雷火落カヽリ、忽《たちま》チ焼失《やけう》セケル」とみえ、また『御湯殿上日記《おゆどののうえにっき》』四月二日条にも「このあか月《（暁）》とう寺のたう《（東寺の塔）》かみなりあたりて、そのひにやけ候。七百四十八年めにやけ候よし」と記されている。東寺は、平安時代のはじめに建立された弘法大師空海以来の真言密教の道場であるが、たび重なる戦乱や一揆《いっき》のために何度も災禍をこうむり、まともな堂宇とて残っていなかった戦国期の東寺にとって、この五重塔の炎上は、まさに末法の世を思わせるような忌まわしい事件であったにちがいない。

その当時、主君三好長慶《ながよし》から京都の政治をまかされ、所司代の任にあった久秀は、罹災した東寺に対して、次のような手紙を書き送っている。

塔婆雷火の段、言語道断、時節到来に候へば、御嘆きあるべき事に非ず候。各《おのおの》御馳《ち》走《そう》を以て御建立、来世の御名誉に残し申すべき為《ため》と存じ候間、御退屈なく御造営肝要に存じ候。恐々謹言。

(永禄六年)四月十一日　久秀（花押）

東寺年預《ねんよ》御中

（京都府総合資料館蔵）

宛名の「年預」というのは、東寺の雑務をとりしきる執事である。文意は、塔が雷火によって焼失したことは、ことばでは表現することができないほどとんでもないことであるが、避けられぬ成り行きだから嘆かれるな。皆で努力して再建し、のちの世までの名誉にしたいと思っているから、東寺としても造営に心を尽くすことが肝要である――というのである。

躍動する新しい力

久秀も、早雲や道三と同様、その氏素姓の明らかでない人物であるが、そのわりには逸話の多い男である。戦陣にも常に美女を侍らせ、道中でも房事にふけり、必要あれば輿《こし》から顔を出して部下に指図したとか、織田信長が上洛《じょうらく》して間もない頃、久秀とは初対面の家康に対して、この男が松永弾正じゃ。こいつは人のできないことを三つもやりおった。主君の三好長慶を殺し、将軍義輝を暗殺し、奈良の大仏を焼き払った。普通の男ならどの一つもできないことを、三つともやった男よ――と紹介したとか、天正《てんしょう》五年（一五七七）、大和信貴山《しぎさん》城に攻め滅ぼされたとき、秘蔵の平蜘蛛《ひらぐも》の茶釜《ちゃがま》と久秀の首は信長に渡さぬ――と、釜もろとも自爆して果てた話など、いかにも乱世の風雲児らしい話が多い。ただしその死に関しては、『備前《びぜん》老人物語』に、いまひとつ、切腹に際して、久秀から脳のてっぺんの百会《ひゃくえ》に灸《きゅう》をするように命ぜられていぶかる家臣に対して、わしには中風の気がある。切腹の途中に発作を起こして不作法をしたら、これまでの松永弾正の武名に傷がつく。中風の発作をふせぐためよ――といって灸をすえさせたのち、腹十字にかき切って死んだという話もある。いったいどちらが本当なのであろう。いずれにしろこれらの話は後世の巷《ちまた》の講釈師たちが作り上げた物語のように思われる。

久秀にかぎらず、弱肉強食の乱世に台頭した武将達には、いかにも動乱の世のヒーローらしい、奇想天外なエピソードがつきまとっている。しかしそれらの逸話の多くは殺戮《さつりく》闘争とは無関係な、泰平の世の人々によって作られたものが多いようである。士農工商の身分的秩序がかたまり、儒教的な道徳がゆきわたっていた江戸期の人々にとっては、君臣の秩序が乱れていた下剋上《げこくじょう》ということが、まったく別世界の夢物語のように思われたのかもしれない。

しかし、戦国の世の人達にとって弱肉強食の世相など、とりわけ不思議なことではなかったろう。武士間の権力闘争だけではない。農民の一揆《いっき》や一向一揆・法華《ほっけ》一揆といった、民衆の支配者層への反抗も顕著にみられた時代である。

信長が久秀を人のやれないことを三つもやったと評したというが、その信長も、室町幕府を滅ぼし、比叡山延暦寺《ひえいざんえんりゃくじ》を焼き払い、久秀の幾百倍もの大量殺人をやってのけている。久秀に驚くような男ではなかったろう。

たしかに日本歴史の中で戦国の世は異常である。だが、乱世の武将とて鬼神ではない。比叡山を焼き討ちした信長も、その是非を神主に相談した上で決断を下している。蝮《まむし》といわれた斎藤道三も、その一子を出家させて仏の加護を得ようとしていた。松永弾正だって、この手紙の中で、焼け落ちた五重塔を再建し、のちの世までの名誉にしたいといっているではないか。

それにしても、ここで落雷による東寺の塔の焼失を「時節到来」、時勢上、避けられぬ成り行き、と平然といいきっている久秀に、いかにも戦国の世の傑物らしい彼の性格を想像させる。戦乱の中で伝統的な権威や政治力を失った公家社会や、貴族化した上流武家に代わって台頭した躍動する新しい力、久秀のようにたくましい英雄たちによって、近世の幕が開かれていったのである。

なお、この永禄六年(一五六三)に焼けた東寺の塔は、文禄《ぶんろく》年間(一五九二―九六)に秀吉によって再建されたが、また焼け、現在のものは、寛永《かんえい》十八年(一六四一)、徳川家光によって建てられたものである。

北条氏康

永正十二年（一五一五）―元亀二年（一五七一）

酒は朝食時のみとせよ

初代の早雲以来、小田原を本拠にして関東の支配を固めていた後北条氏は、代々すぐれた後継者がその勢力を維持していた。

親というものは、子供がいくつになっても心配なものらしい。北条氏康《うじやす》はその子三郎に対して、次のような訓戒の手紙を与えている。

条目《じょうもく》

一、振舞《ふるまい》は、朝召《あさめし》に定められるべき事。大酒の儀は曲《くせ》あるまじく候。三篇《べん》に定めらるべき事。

一、下知《げち》のほか、虎口《こぐち》へ出ずるものは、則時に改易致さるべし。もしまた公儀を請《う》くべき儀に至りては、すなはち申し越すべき事。

一、家中のもの、他の陣へ罷《まか》り越し、大酒を呑《の》む儀、いはんや喧嘩《けんか》口論に及ぶ儀は、堅く申し付けられるべき事。

右三ヶ条、妄《みだり》に致し、脇《わき》より耳に入るに至りては、永く義絶すべく候。よって件《くだん》のごとし。

辰《たつ》（永禄十一年）

八月十日　　（氏康花押）

三郎殿　　（北条文書）

内容は三か条からなっており、第一条では酒のふるまいは朝食に定めるべきで、それも大酒はよろしくない。三杯ときめよ。第二条では、下知を仰がず勝手に城の出入口である虎口を出るものは、即刻に家禄《かろく》を没収せよ。もしまた、北条家としての公《おおやけ》のはからいを必要とするものについては、さっそくに申し越せ。そして第三条では、家中の者が、他の陣所へ出向いて大酒を飲んだり、まして喧嘩口論におよぶことのないよう堅く申しつけよ、といい、最後に、お前が右の三か条をおろそかにしていることが、他人の口から耳に入るようなことがあったなら、永く義絶する――というものである。

宛名の三郎は、氏康の七男、氏秀である。この男はいかにも戦国的な、変転きわまりない生涯を送った人物である。幼少の頃、人質として甲斐《かい》に送られ、武田信玄の養子となって武田三郎といわれたが、永禄《えいろく》十年（一五六七）十月、武田・北条の同盟が破れ、敵対関係に入るとともに小田原に返され、その後、永禄十二年、氏康と上杉謙信との和睦《わぼく》が成立すると、翌元亀《げんき》元年（一五七〇）四月、ふたたび人質として越後に送られ、間もなく謙信の養子となって景虎と名を改めた。しかし謙信の死後、同じく謙信の養子であった景勝と相続争いを演じ、天正《てんしよう》七年（一五七九）三月越後鮫尾《さめお》城に攻められて自殺している。

氏秀は容貌《ようぼう》のすぐれた貴公子であったらしい。彼が武田家の養子となって甲斐にいた頃、「武田の三郎どのと一夜契《ちぎ》らば、梨子地《なしじ》の鞍《くら》召すと泣いて御座るべな、辛労でありもすべい」という戯《ざ》れ唄《うた》が流行したといわれる。また飯田忠彦撰の『野史』にも「幼にして姿儀尤《もつと》も美なり」と評されている。

年号は記されていないが、「辰」とあるから、この手紙は永禄十一年の辰年のものと思われる。この年氏康は五十四歳の分別盛り、氏秀は十六歳であった。

永禄十一年というと、北条・武田の断交によって、氏秀が小田原に帰ってきた翌年のこと。急激な環境の変化についていけず虚脱状態に陥ったのであろうか。氏秀は酒びたりで怠惰な日々を過ごしていたため、彼の周囲の家臣の素行までが乱れていた。そうした氏秀の行状をみるにみかねた氏康は、このような手紙を与えて戒めたものと思われる。

厳格な父親

短い文章の中に、氏康が口やかましく飲酒について注意しているのは面白い。親が子供に酒の説教をする場面はよくみかけられる。

室町幕府四代将軍足利義持は子息義量《よしかず》の酒癖を心配して、義量の近臣三十六人に対して、今後、義持の許可なく義量に酒を飲まさぬという誓書を出させているし、毛利元就《もとなり》も孫の輝元の深酒ぶりに対して、小さな椀《わん》で一つか二つにとどめよ、と意見している。酒を嗜《たしな》まなかった元就にいわせれば、親兄弟が若死にしたのは酒のためであり、自分が長生きしているのは酒を飲まないためであるという。

氏康はけっして下戸《げこ》ではなかった。上杉謙信から音信として昆布《こんぶ》・鱈《たら》・干鮭《ほしざけ》などとともに三荷《か》の酒樽《さかだる》を贈られた時など、礼状に「名酒一入《ひとしお》興を催し候」と書き送って喜びをあらわしているほどである。氏康は酒を好んだが、度を過ごすことをつつしんでいたらしい。文中で氏秀に対して、酒は朝食の際に三杯に定めよ、といっているのも、あるいは氏康自身の酒の飲み方であったのかもしれない。

夜の酒はとめどもなく人を酔わす。朝食に添える適度の酒は食欲をたすけ、氏康のたくましきエネルギーをつちかったのであろうか。

『小田原旧記』の著者である鈴木重秀は、氏康を評して、文武兼備の武将で、生涯に何度も合戦したが敗れたことはない。そのうえ人徳もあったので、この代に関八州の兵乱を平定し、大いに家名を高めた。古今の名将というにふさわしい、と激賞している。

父氏綱が病死して、氏康が家督を継いだのは天文十年（一五四一）七月、時に二十七歳。

このの ち氏康は元亀二年（一五七一）十月、五十七歳で死ぬまでの生涯を、四隣の敵との戦いに過ごしたが、一度も負けなかった。天文十五年四月の川越城の戦いでは、扇谷《おうぎがやつ》朝定・山内憲政《のりまさ》の両上杉軍八万を、わずか八千の兵で撃退したのは有名な話である。上杉謙信でさえ、氏康の守る小田原城を攻略することはできなかった。その身に七か所の刀槍《とうそう》の傷を受け、とくに顔面二か所の向こう傷は、氏康傷と尊ばれたという。

こうして氏康の履歴を記すと、いかにも豪放磊落《らいらく》な猛将のイメージが思い浮かぶ。だが氏康の性格はきわめて繊細であり、自己にも家族の者にも厳格であった。氏康は、関八州に君臨する北条家の者は、みずからの行動をつつしみ、世間から批判の対象とされるような、寸分の隙《すき》をもつくってはならぬものと考えていたのであろうか。それにしても、自分のいいつけをおろそかにしていることを耳にした時は、永く義絶する、とは、なんとも峻《しゅん》厳《げん》な父親であった。

Ⅱ　天下一統に向けて――信長上洛から本能寺の変へ

上杉謙信

享禄三年（一五三〇）―天正六年（一五七八）

無謀な若侍を戒める

北陸地方に覇《は》をとなえていた上杉謙信は、長く武田信玄との抗争を続けてきた。天正《てんしょう》元年（一五七三）七月、越後《えちご》の上杉謙信が率いる上杉軍は、大挙して越中《えっちゅう》に進攻した。これより先に得ていた武田信玄病死の情報が、事実であることを確認したからである。

軍記物語や時代小説においては、謙信といえば弱肉強食の戦国の世には珍しい正義漢で、神仏信仰が厚く、侵略的意図をもった戦いは行わなかった清廉潔白な名将として描かれている。しかし事実はいささか違う。強敵信玄の死を知ると、これを好機として越中に侵略戦を起こしたのであった。

上杉軍の行手《ゆくて》には、射水《いみず》・婦負《ねい》郡の豪族である神保《じんぼ》長職《ながもと》、同氏張《うじはる》らが、越中の一向一揆《いっこういっき》とともに立ちはだかったが、上杉軍はこれを撃破し、たちまち越中を平定し、八月には加越国境にある朝日要害を攻撃し、さらに加賀進攻にとりかかった。

ところが、謙信の朝日要害攻めは、思いのほか難航した。それは、加賀・越中の一向一揆が、総力を挙げて抵抗したからである。朝日要害には、本願寺の後援により、紀州根来《ねごろ》から運び込まれた多数の鉄砲があり、寄せ手の上杉軍をさんざんに悩ませた。

この時、上杉軍の数名の若侍が、無謀にも要害に近づき、敵の鉄砲に狙撃《そげき》されて死傷するという出来事があった。これを知った謙信は激怒して彼らを捕らえさせて檻禁《かんきん》し、その中にいた若侍の父母に対して、次のような手紙を書いた。

別紙をもて申し候。朝日取り詰め候へば、いずれも供候なかに、例の与次いろ〳〵、喜四郎、身の事も(謙信)意見申し候へども、もちいず、ひとり鉄砲の先へ駆け歩き候。身の事は不達者に候間、小島を頼み、引きずり返し、今に押し込め候。定めて案ずべく候へども、身の見合いながら、鉄砲の先へ出し、手を負わせ候とも、うち殺させ候とも定めてその時は、この入道をならでは、うらみまじく候あいだ、一旦《いったん》、追い込《こ》め申し候。よく〳〵と思ふべく候。柿崎廉三、腿《もも》を裏表へ撃ち抜かれ、ややに呼ばり返し候。又、仲間《ちゆうげん》孫四郎も、鉄砲にうち殺され候。いづれも隠し候間、このほかは知らず候。このごとくに候間、手を負い候とも、いまきめ候よりは、夫婦の者ども恨むべく候間、このよし制止を申し候へども、なか〳〵身の意見にいつかず候間、向後《きようご》は織部そばにおくよりほかはあるまじく候、帰り候はゞ夫婦ながら、不愍《ふびん》に候はゞ、まづ〳〵会ふまじく候。あやまち候はゞ、ほへまわり候とも、ようにたつまじく候。このことばかり申すべきため、夫婦方へ、一緒に申し候。めでたく、かさねて、以上。

（天正元年）八月十日　　謙信（花押）
よしえおりべ（吉江織部）殿
与次らうぼ（老母）へ
（出羽吉江文書）

宛名の「よしえおりべ」は吉江織部助景資《かげすけ》といい、謙信の旗本として活躍した上杉家重臣である。また「与次らうぼ」は与次の老母という意で、景資の妻を指している。この夫婦の次男与次は、中条藤資《なかじょうふじすけ》の娘を妻とし、天正二年に藤資が死去したのち、謙信の命により中条家を継いでいる。

文意は、別紙をもって申し上げる。加賀の朝日要害を攻めたので、みな供をした中に、例の中条与次、吉江喜四郎らは、この謙信が意見したけれど、それを聞かずに一人で鉄砲の前を駆け歩いた。謙信は身体《からだ》が不達者で思うようにならないので、家臣の小島に頼み、彼らを引きずりかえし今に檻禁している。さぞ心配しているであろうが、この謙信が見ていながら敵の鉄砲の前に彼らを出し、負傷するか撃ち殺されでもしたら、定めしその時はこの謙信入道のほか誰をも恨むまいと思い、ひとまず檻禁したのである。よくよくの心遣いと思ってほしい。柿崎廉三などは、腿《もも》に貫通銃創を受け、やっとのことで後方へ呼び返した。また仲間《ちゅうげん》の孫四郎も、鉄砲にて射殺されてしまった。みな隠しているので、このほかのことについては知らない。こんなわけであるから、もし負傷でもしたならば、いまこうして叱《しか》りつけるよりも、その方ら夫婦の者どもも恨むであろうから、こうして制止をさせたが、なかなかこの謙信の意見を聞こうとしないので、今後は吉江織部のそばに置くよりほかはないであろう。謙信が帰陣したならば、お前たち夫婦に不愍《ふびん》であるから、まずまず会うまいと考えている。与次の身にあやまちがあったら、泣きわめいても追いつくまい。このことだけを話しておくために、お前たち夫婦へ一緒に申し渡す次第である。重ねてまた申すであろう――というのである。つまりこの手紙は、無謀な行為を行った若侍を戒めるためにこれを捕らえて檻禁したが、その若侍の両親が心配することのないように気遣い、檻禁の理由について説明をしたものである。

この時、謙信は四十四歳であった。文中で謙信は、「不達者」つまり身体が不自由であるといっているが、足が悪かったらしい。『常山紀談《じょうざんきだん》』によると、謙信は左の脚に腫《は》れがあり、青竹を三尺ばかりに切って、杖《つえ》のように提《ひっさ》げ持ち、戦場でも采《さい》を用いずにこの杖で指揮をしたという。おそらく合戦で受けた傷が治らずに慢性化していたのであろう。

戦国武将の気くばり

軍記物語などに登場する謙信は、いかにも血気盛んといった印象が強い。たとえば、『関八州古戦録』が記す、永禄《えいろく》四年（一五六一）に下野《しもつけ》佐野氏を救援した際における唐沢山城入城の場面などは、まさに鬼神をも恐れさせるかのようなすさまじさである。この時、唐沢山城は北条氏の大軍に包囲されていたが、謙信は黒い道服《どうふく》（羽織のような道中着）を着し、白綾《しろあや》にて顔を包み、黒馬に金覆輪《きんぷくりん》の鞍《くら》を置いて乗り、十文字の槍《やり》を持ち、わずか四十五名の近習を従えただけであった。しかし毅然《きぜん》として進む一行に威圧された敵兵は、誰一人として手出しをするものはなく、十重二十重に備えた敵陣のまん中を通って城内に入ったという。

また『小田原記』（『北条記』ともいう）には、謙信の小田原城攻めの際に、北条氏康《うじやす》が「謙信は血気盛んで、腹を立てたら炎の中へも飛び込もうとし、鬼でも組みしこうという短気な勇者である。しかし少し時が過ぎ去れば、その蛮勇も醒《さ》める」といって、敵を無視する作戦をとったという話が載せられている。

こうした逸話からみると、謙信という男は短気で無謀な武将であったように思われる。しかし、この家臣の若侍の無謀な行為を戒めた手紙をみると、事実はまったく異なり、慎重でしかも思いやりの深い温かな性格の持ち主であったようである。

これまで語られている謙信に対する人物評価は、ともすれば川中島合戦の好敵手である武田信玄との比較においてなされ、しかも潤色されて虚構に満ちたものが多い。それらのほとんどは、信玄を政略・謀略を巧みとする野心家とし、これに対して謙信を、無欲で律《りち》儀《ぎ》な正義漢としている。そして時にはドライで現実主義者の信玄、空想的センチメンタリスト謙信といって対比させ、ことに謙信には短気、直情径行、勇猛果敢、軍神といったキーワードがあてはめられているといってよいであろう。しかしそれらの多くは、信玄や謙信に対する後世の人々の興味や憧《あこが》れの心情から作り出されたフィクションなのである。

戦国時代は弱肉強食の乱世といわれ、武力だけがすべてであったかのように考えられる。しかし、史上に名高い武将の多くは、気くばりの達人であった。現代社会における企業や組織のトップにとって、一番大切でむずかしいのは人間関係であろうが、これは戦国時代とて同様であった。主君に対する信頼感、この主君のためなら生命をも省みないという、いわばやる気を起こさせるもの、それは主君の家臣に対する温かい気くばりと思いやりにあったと思うのである。

浅井長政

天文十四年（一五四五）―天正元年（一五七三）

籠城の申し出に感謝する

桶狭間《おけはざま》で今川義元を倒して以来、旭日昇天の勢いとなった織田信長は、永禄十一年（一五六八）には念願の上洛を果たし、さらに周辺諸勢力との戦闘に明け暮れた。

元亀《げんき》四年（天正元年、一五七三）八月二十九日、浅井《あざい》氏の居城近江《おうみ》小谷《おだに》城は織田軍の猛攻によって落城、浅井氏は滅亡した。

この小谷落城の十日前、長政は家臣の垣見助左衛門尉に宛てて、次のような手紙を書いていた。

今度《こんど》籠城《ろうじょう》を相届けられ候段、謝しがたく候。よって、今村跡、ならびに八幡に於《お》いて、河毛次郎左衛門尉知行分に候同孫三郎分跡、小堀左京亮跡、何《いず》れも以てこれを進じ候。聊《いささか》も相違あるべからず候。委曲、同名新内丞《しんないのじょう》（浅井備前守）伝達あるべく候。恐々謹言。

元亀四　　　　浅備

八月十八日　　長政（花押）

垣見助左衛門尉殿

御宿所

(垣見文書)

文意は、今度、最後まで籠城を遂《と》げられるとのこと、感謝の念にたえない。よって、今村跡、ならびに八幡の地において、河毛次郎左衛門尉の知行分となっている同孫三郎分跡、小堀左京亮跡、いずれもこれらを与えよう。いささかの相違もない。委細は同名の垣見新内丞が伝達するであろう――というものである。

この手紙は、長政が来《きた》るべき織田軍との一戦にあたって、小谷籠城を申し出てくれた垣見助左衛門尉の忠節心を謝し、その志に報いるために数か所の跡地を与えることを約束した書状である。跡地とは戦死などで所有者のいなくなった土地のことである。

なお、ここで興味深く思われるのは、日付の八月十八日の肩に「元亀四」とある付年号《つけねんごう》である。元亀四年は、これより先の七月二十八日に天正と改元されている。したがって長政は、正規の年号を使用しなかったことになる。こうした事例は、南北朝期や室町期にもしばしばみられるが、それらは時の政権に対して反抗している場合になされている。元亀から天正への改元は、信長が、足利義昭を京都から追放したのを機に、朝廷へ奏請して年号を改めたものであった。だから長政が、新年号の天正を使用しなかったのは、信長の政権に対するレジスタンスであった。ここにも長政の信長への対抗姿勢の烈しさをうかがうことができるのである。

小谷落城

織田軍との決戦を目前にひかえながら、長政の胸中は複雑であったにちがいない。長政の妻はお市の方、いうまでもなく織田信長の妹その人である。

長政とお市との結婚は、永禄《えいろく》六年(一五六三)のことで(永禄十年とする説もある)、これは尾張《おわり》の信長が隣国美濃《みの》の斎藤龍興《たつおき》を倒し、上洛《じょうらく》の大志をとげるために、斎藤の背後にある浅井と手を結ぼうという政略にもとづくものであった。時に長政は十九歳、お市は十七歳であった。そんな事情からの結婚ではあったが、この夫婦の仲はいたって睦《むつ》まじく、三女二男を儲《もう》けている。これが、茶々・はつ・江《ごう》・万福丸、それにのちに蒼玉寅首座《そうぎょくいんしゅそ》を名乗った末子である。

しかしこの長政の幸せな家庭は、間もなく悲運の翳《かげ》りに包まれた。それは、長政とお市の結婚によって結ばれた織田・浅井の同盟が破れたからである。すなわち、上洛に成功した信長と、これにかつがれた足利義昭との間に亀裂《きれつ》が生じ、義昭が諸大名に発した信長追討の檄《げき》に、隣国越前の朝倉義景が応じ、浅井に協力を求めてきたのであった。長政は信長の妹婿であり、同盟を結んだ間柄ではあったが、父祖以来の交誼《こうぎ》の深い朝倉との関係を無視することができず、義景と結んで信長に敵対する破目に陥った。

浅井氏の信長背反を知ったお市が、夫長政と兄信長との間の板ばさみの苦悩を強《し》いられたときのさまは、講談の世界でも、両端を荒縄で縛った小豆の袋を信長に送って、袋の鼠《ねずみ》になっていることを知らせたという、「袋の小豆」の話とともに語られている。だが、この時の長政は、最愛の妻のために信長につくか、それとも、父祖以来の義理のために朝倉につくか、板ばさみの苦悩を強いられていたのである。

苦悶《くもん》の末、長政は朝倉への加担を決断した。そしてそれが、元亀元年（一五七〇）、六月の姉川合戦となった。この戦いの結果、浅井・朝倉軍は、織田・徳川連合軍に討ち破られ、浅井も大打撃を受け、衰運に傾きはじめた。

それから三年後の元亀四年。信長は七月に足利義昭を追放して室町幕府を崩壊させると、ただちに義昭に味方した諸勢力の掃蕩《そうとう》に着手した。その第一に攻められた朝倉義景が敗れ、越前一乗ヶ谷城で自刃したのは、長政がこの手紙を書いた二日後の八月二十日であった。

織田の大軍襲来を耳にした近江の土豪たちは恐怖に震え、佐和山城の磯野員昌《かずまさ》、山本城の阿閉《あべ》氏、尾上城の浅見氏をはじめとする浅井氏の有力家臣たちが、相ついで信長方に寝返った。そのような中で、小谷籠城《ろうじょう》を申し出てきたこの垣見助左衛門尉の忠節心は何よりうれしかったであろう。この手紙にも長政の感激ぶりがあふれている。しかし敗戦が明白であるにもかかわらず、跡地を与えるなどといっているのには、いささか空々しさを感じる。小谷城が攻められ、浅井久政・長政父子が切腹して果て、城が火焔《かえん》に包まれたのは、八月二十九日のことである。

三日前の二十六日、武運つたなくして敗れた長政はお市を呼び寄せ、自分は腹を切る覚悟をきめたが、そなたは信長の妹、なんのとがめもなかろう。信長の許《もと》に送り届ける。どうか生きながらえて浅井家の菩提《ぼだい》を弔ってくれ——といいさとした。お市は、わたくし一人この世に生き残るのはいや、いっそお手にかけて殺してください——と哀願した。すると長政は端然と威儀を正し、お前の気持ちもわかるが、三人の娘もいる。女子ゆえ信長もさほど憎みはすまい。これさえ助けておけばわれらが世に亡きあと、菩提も弔ってくれようし、罪もない姫たちまでわが手にかけるも不愍《ふびん》、この際、恥を忍んで姫たちを連れて難を遁《のが》れてほしい——。おそらく、そんな場面が演じられたことだろう。この長政の再三の説得にお市が納得し、二人の男児を落ちのびさせ、みずからは三人の娘とともに信長の陣屋に赴いたことは周知のとおりである。

一方、妻子の無事を見届けた長政は、もはや心に残ることなしと、二十九日、寄せ手に対し猛然と最後の攻撃を敢行、力戦苦闘の末、小谷城内で見事に割腹して息絶えた。享年二十九。長政の首は父久政、朝倉義景のそれとともに京都に送られた。信長はそれらの首を獄門にかけ、さらに箔濃《はくだみ》(漆塗りにしたものに金粉を施す)にしたという。

武田勝頼

天文十五年（一五四六）―天正十年（一五八二）

青年武将の闘魂

天正《てんしょう》三年（一五七五）五月二十日、史上名高い長篠《ながしの》・設楽原《したらはら》合戦の前日のことである。武田勝頼は長篠城を眼下に見下ろす医王寺山の本陣から後方の属城で警戒にあたっていた家臣に宛て、次のような手紙を書き送っている。

当陣の様子心許《こころもと》なきの旨、態《わざ》と飛脚、祝着《しゅうちゃく》に候。よろず方《かた》本意に属し候の間、安堵《あんど》たるべく候。然《しか》らば長篠の地取詰《とりつめ》候のところ、信長・家康後詰として出張《でば》り候といへども、指《さし》たる儀もなく対陣に及び候。敵てだての術《すべ》を失い、一段逼迫《ひっぱく》の体に候の条、無二《むに》に彼の陣へ乗り懸《かか》り、信長・家康両敵共、この度本意を達すべき儀、案の内に候。なお其《そ》の城の用心別して御念を入れらるべき儀肝要たるべく候。恐々謹言。
追って、両種《りょうしゅ》到来喜悦に候。

（天正三年）
五月廿日　　勝頼（花押）

三浦左馬助殿

（桜井文書）

文意は、当陣長篠の様子について心配され、わざわざ飛脚をさし遣わされたこと、喜ばしく思う。万事につけ思いどおりに運んでいるから安心してもらいたい。しからば、家康の属城長篠城を包囲したところ、信長と家康が救援のための後詰として背後から攻撃しようとやってきたが、これというほどのこともなく対陣している。しかし敵は手段に窮してちぢこまっている有様であるから、一気にかの陣へ攻撃し、信長・家康の両敵ともに撃破を遂《と》げることもたやすかろう。なおその方の守っている城の用心に念を入れることが肝要である。二種類の見舞いの品を届けてくれたことを喜悦に思う――というのである。

勝頼がこの手紙を書いた前日の十九日、織田・徳川連合軍三万八千余の勢揃《せいぞろ》いの報に接して、武田軍の本陣では勝頼を中心に重臣たちが、決戦か退却かで激論をかわし、意見は真っ二つに割れた。

『当代記《とうだいき》』の語るところによれば、馬場信春・内藤昌豊《まさとよ》・穴山信君《のぶきみ》らの信玄以来の重臣たちは、数倍の敵に戦いを挑むことの無謀さを説き、退却を主張した。これに対して跡部勝《あとべかつ》資《すけ》や長坂長閑斎《ちょうかんさい》は反対し、強硬な決戦論をとなえつづけた。が、結局勝頼の決戦の意志の固さに、評議は決戦と定められたという。

宛名の三浦左馬助という人物のたしかな履歴は不明であるが、おそらくは、長篠の前線から離れた、武田方の属城の守備にあたっていた家臣と思われる。信長・家康との決戦にあたって、勝頼は諸方面の配下の部将にこうした手紙を送って意気軒昂《けんこう》ぶりを示すと同時に、一層の奮起をうながしたのであろう。勇み立つ三十歳の若き武将勝頼の闘魂がうかがわれる。

勝頼に大軍との対決という無謀とも思われる決断を下させたのは、信玄という偉大な存在の陰に隠れがちな後継者の焦り、また自分を軽視するかのような老臣たちの言動に対する反発の感情もあったにちがいない。軍議の席で、武田家の将来を憂《うれ》えて心から訴える老臣らの諫言《かんげん》さえ、勝頼には、自分への反対と感じられたのかもしれない。だから彼らが反対意見を述べれば述べるほど、勝頼の心はますます頑《かたく》なになっていったのではなかろうかとの推測もできる。

けれども、この手紙を見る限りでは、そうした勝頼の心の曇りなどはまったく感じられない。この頃の勝頼には過剰なほどの自信がとりついていたようである。それは、ここ一年ばかりの間の織田・徳川との戦闘から生まれたものであったのかもしれない。信長の属城明智・足助を奪い、父信玄も落とせなかった徳川の高天神城まで陥れた。攻囲中の長篠城も、もはや時間の問題である。

勝頼の心はこの相つぐ戦勝に酔い、自分は信玄より優《すぐ》れ、わが軍の行くところ敵なし、という慢心があったのだろうか。これより半月ほど前、勝頼は、家康撃滅をはかって吉田城から家康を誘い出そうとしたが、失敗に終わった無念さもある。その家康が、いま信長とともに目前にいるのだ。これは勝頼にとってまさに千載一遇《せんざいいちぐう》のチャンスにも思えたにちがいない。

智よく力を制す

決戦の覚悟を定めた勝頼は、長篠城包囲陣を解き、軍勢の配置を織田・徳川軍との対決の姿勢にきりかえた。一万七千の全軍のうち二千を長篠城に、二千を鳶ヶ巣山《とびがすやま》の砦《とりで》に置き、残る一万三千余を突撃軍と定めたのである。

信玄以来、当時最強と恐れられた武田の騎馬隊は、信長・家康の軍勢ひしめく設楽原めざして、総大将勝頼の突進命令を待った。だが、彼らの行く手に三千挺《ちょう》の銃列が待ち受けていようとは、誰も気がつかなかったのである。

長篠合戦は、わが国において銃砲がはじめて、戦場における主要兵器として活用され、騎馬による個人戦から、歩兵による近代的な集団銃撃戦時代到来へのきっかけをなした戦いといわれている。

上杉謙信や武田信玄に、こよなき戦国武将の姿を求めておられた歴史作家の海音寺潮五郎にいわせれば、信長の鉄砲使用は、近畿の兵の臆病心《おくびょうしん》から考えついたことであるという。たしかにそれまでの歴史をみれば、東国の武士には豪勇の気風があった。古代の防人《さきもり》や衛《え》士《じ》はほとんど東国の兵であったし、中世においても、坂東《ばんどう》武士の武勇のほまれは高かった。この点からすれば、信長が当時最強の武田騎馬隊に恐れをなして尻込《しりご》みする兵士たちを指揮して戦わせるには、鉄砲という飛び道具しかなかったかもしれない。

『大日本戦史』で、長篠合戦を担当した渡辺世祐は、信長の鉄砲活用の背景として、戦国期のわが国における鉄砲普及は、近畿・中国地方から始まり、信長の作戦は畿内的発想であると説明している。つまり、源平の争乱時代よりこのかた、騎馬戦を得意とした東国武士の力が、いわゆる日本の中世を支配してきた。しかし近世の夜明けは西から始まり、ヨーロッパの新知識により東西文化の差は大きくひらいた。この文化の落差こそ信長の勝利であり、勝頼敗北の原因であったという見方である。この手紙にも、勝頼の豪勇無双な性格とともに、時代の変化についていけぬ、いかにも中世的な武将の悲劇が感じられないだろうか。

大友宗麟

享禄三年（一五三〇）―天正十五年（一五八七）

石火矢の運搬を命じる

中央で織田信長が着々と政権を固めている頃、九州では大友、島津氏らの勢力が伸長していた。とくに大友宗麟《そうりん》は、その先見性をもって覇《は》をとなえていた。

宗麟は、享禄《きょうろく》三年（一五三〇）、豊後《ぶんご》国の守護大名大友義鑑《よしあき》の長男として府内《ふない》城（大分市）で生まれた。幼名を塩法師丸といい、長じて義鎮《よししげ》と名乗った。宗麟という名は三十三歳で剃髪した時の法名で、これとは別に休庵宗滴《きゅうあんそうてき》・円斎《えんさい》・三非斎《さんぴさい》という号をも用いている。そして洗礼を受けてフランシスコの教名を称したのは、天正《てんしょう》六年（一五七八）四十九歳の時であった。

宗麟は、数少ないキリシタン大名の一人として、その方面でも名が売れている。しかしもともと彼は、信仰一途の気持ちから異教人に近づいたのではなかった。南蛮商人のもたらす鉄砲と火薬、すなわち新しい武器を手に入れたかったのである。新兵器に着眼し、活用した点では、織田信長と同様、時代を先見する人物であった。そして、事実、中央における信長と同様、九州に覇権をうちたて、一流の戦国大名にのし上がったのである。彼の最盛期の永禄《えいろく》末年には、宗麟の武名は本国豊後のほか、肥前《ひぜん》・肥後《ひご》・豊前《ぶぜん》・筑前《ちくぜん》・筑後《ちくご》の六か国にも及んだのである。

宗麟がこうして九州に覇をとなえることができたのは、鉄砲や石火矢《いしびや》（大砲）などの新兵器の威力を活用したからであった。天文《てんぶん》十二年（一五四三）のポルトガル人の種子島《たねがしま》漂着以来、ポルトガル商船の来航は頻繁となり、多くの南蛮文化を日本に伝えた。とくに大友氏の異国熱はきわだっており、豊後の神宮寺浦や日出《ひじ》の港は、義鑑時代から南蛮船の出入りでにぎわっていた。南蛮人は、ギヤマン・ビロード・象牙《ぞうげ》・生糸《きいと》などをはじめとする多くの貿易品をもたらしたが、中でも諸大名らが飛びついたのは鉄砲と火薬であった。

宗麟は、この新兵器入手のためにあらゆる手段をこうじている。南蛮商人を府内に招いて保護を加えただけでなく、日本にはじめてキリスト教を伝えたフランシスコ・ザビエルに布教を許し、府内・臼杵《うすき》・博多《はかた》などに教会堂の敷地を寄進し、ザビエルに、日本で一番偉大な友とまで信じ込ませてしまっている。

次の手紙は、印判状であるが、宗麟の石火矢入手に関する史料として貴重なものである。

高瀬津に至り、石火矢着岸の条、急度《きっと》召し越すべき覚悟に候。方角の儀に候間、辛労ながら夫丸《ぶまる》の儀を申し付けられ、運送祝着《しゅうちゃく》たるべく候。人数過分に入るべきの由に候間、別して御馳走《ごちそう》肝要候。右津へ奉行人を差し遣はし候趣、委細志賀安房守《あわのかみ》申すべく候。恐々謹言。
(天正四年)正月十一日　　　　宗麟㊞
城蔵人大夫殿《じょうくらんどだいぶ》
(大阪南蛮文化館蔵)

文意は、肥後の高瀬津に石火矢が着岸したとのこと、それを早急にこちらへ運び込む所存である。方角《ほうがく》(ここでは城蔵人大夫の支配領域といった意)の地域であるので、御苦労ではあるが、夫丸《ぶまる》(人夫)の事などを申し付けられ、運送させてくれればうれしく思う。人数がかなり多く入用とのことであるから、とりわけ世話をしてもらいたい。高瀬津への大友氏奉行人(役人)派遣について、詳細なことは志賀安房守が申すであろう――というものである。

宛名の「城蔵人大夫」という人物の詳しい経歴はわからないが、城氏は肥後の名族菊池氏の一族で、隈本《くまもと》(熊本)城を根拠として、菊池川流域に大きな勢力を有していた国人領主である。宗麟の肥後遠征に際し、その麾下《きか》となったのであった。高瀬津は城氏の支配地域であったため、この地に着岸した石火矢の、宗麟の居城のある豊後臼杵までの輸送を命ぜられたのであろう。また文中にみえる「志賀安房守」は、名を親度《ちかのり》といい、加判衆《かはんしゅう》にあった。加判衆は年寄衆ともいい、他の大名家では宿老《しゅくろう》という例が多い。

石火矢とは、いわゆる大砲のことで、初期の大砲が石の玉を使用したことによる名である。

この手紙には年号がないが、『豊薩軍記《ほうさつぐんき》』に「天正四年の夏、南蛮国より大なる石火矢到来す。肥後の国より修羅《しゅら》を以て豊後臼杵丹生《にう》の島に引着る。宗麟喜悦《きえつ》浅からず、則《すなわ》ち是を国崩《くにくず》しと号せらる」とあり、天正四年に南蛮国から巨大な石火矢がもたらされ、肥後から修羅（巨石などを運搬するために用いる道具、転《てん》の上をずらす方法）をもって豊後臼杵に運送し、宗麟がこの石火矢に国崩しという名をつけたことがみえている。おそらくこの印判状も、その時のものとみられる。使用されている印章は、宗麟の別号である三非斎の「非」を模様化したもので、この種の大型のそれは天正三年二月から同四年末まで用いられていたことが確認できるから、この点からも、天正四年という年代推定を裏付けることができよう。現在、東京靖国《やすくに》神社の宝物館に、大友宗麟がポルトガルより贈られたという「青銅仏狼機《フランキ》砲身」が陳列されている。それは全長二八七センチ、口径九・七センチという大きなものである。おそらくこれが、この手紙にみえる石火矢で、運送を命ぜられた城蔵人大夫が、高瀬津から修羅で臼杵まで運んだものであろう。

異教に盲信して家運を傾ける

はじめは単なる貿易の利のためにキリスト教を利用していた宗麟も、珍奇で華麗な南蛮の風俗や、宣教師たちの敬虔《けいけん》な祈りに接しているうちに、いつしかその魅力のとりことなり、天正六年（一五七八）七月、ついに彼はキリシタンに改宗し、フランシスコの洗礼名を受け、みずからも「府蘭」「ＦＲＣＯ」などと署名するようになった。だが皮肉にも、ちょうどこの頃から大友氏に斜陽の影が射しはじめた。薩摩《さつま》の島津義久の勢力が大きく伸び、その武威を恐れた九州の豪族たちは相ついで大友氏から離反しはじめた。そこで宗麟は、みずから四万三千の兵を率い、十字の旗を押し立てて日向《ひゅうが》に進撃し、島津に決戦を挑んだが、かえって義久の精鋭に耳川で撃破された。この耳川の敗戦は、大友氏の威信を根本からゆさぶる結果となり、諸豪族の叛乱はたちまち宗麟の支配地域に広がっていった。

天正六年、属国となっていた肥前の龍造寺隆信《りゅうぞうじたかのぶ》が大友の羈絆《きはん》を脱して自立し、大友領を蚕食《さんしょく》しはじめると、天正七年には、これに呼応した大友一族の田原親貫《ちかつら》が叛旗《はんき》をひるがえした。また翌年には、大分郡熊牟礼《くまむれ》城の田北紹鉄《しょうてつ》が、島津に内応して主家大友を裏切り、さらに島津討伐に出陣した志賀道易《どうえき》は、そのまま島津へ走る始末となった。

こうした家臣離反の渦の中に、宗麟は自信喪失に陥り、家督を嫡男の義統《よしむね》に譲って隠居し、宗滴《そうてき》と改めた。しかしキリシタンと仏教徒との対立に始まった混乱の渦は、ますます広がり、大友氏の衰運は目にみえてきた。宗麟がキリシタン信仰に熱を入れるあまり、仏教を忌みきらい、領内の神社、寺院を焼いたり、僧侶《そうりょ》を捕らえて殺害したりしたことが、家臣の離反をまきおこす原因となったともいう。異教に盲信のあまり、家運を傾けたのである。

さて、天正十四年になると、勢いに乗った島津軍が大挙して大友領に侵入してきた。そこで宗麟は、大坂に上って秀吉に救援を依頼した。この宗麟の告訴が動機となって、秀吉の島津征伐が敢行され、天正十五年三月には秀吉がみずから十二万の大兵を率いて九州へ渡り、五月二十六日には義久を降した。しかし、宗麟はこの島津降伏の直前の五月六日、豊後海部《あまべ》郡の津久見《つくみ》で没している。享年五十八であった。

織田信長

天文三年（一五三四）―天正十年（一五八二）

おねの愚痴をたしなめる

永禄《えいろく》十一年（一五六八）九月、織田信長は足利義昭を奉じて上洛し、義昭を十五代将軍の座につけ、みずからはこれを補佐する形で政治を行った。しかし間もなく義昭と不和を生じ、義昭の策謀によって八方を敵に廻すことになった。だが、信長のすぐれた武力はこれらの敵にうち勝ち、元亀《げんき》四年（天正《てんしょう》元年、一五七三）七月には義昭を追放して室町幕府を滅ぼした。そして天正四年には、天下経営の根拠地として安土《あづち》に巨大な城を築いた。

英雄色を好むという言葉があるが、近世の開拓者織田信長には、この色気に関する逸話が不思議とみあたらない。後輩の秀吉は十六人、家康は名前のわかっているだけでも十九人の妻妾《さいしょう》を侍《はべ》らせていたが、信長となると閨房《けいぼう》の女性の名さえ明らかでない。

こうした信長に対して、極端な女性蔑視《べっし》とホモ好みを想像する作家もいる。しかし私はそうは思わない。たしかに信長には艶《つや》っぽい手紙や、情事のスキャンダル記事もないが、だからといって異常な女性嫌いであったとはいいがたい。

だいいち信長には二十一人の子女が確かめられるから、彼にも嗣子信忠の生母である伊《い》駒《こま》氏の他に、少なくとも十数人の側室があったにちがいない。それに、次に掲げる手紙などからは、信長がいかに女というものの位置と役割をよくわきまえていたかを知ることができる。

　仰せのごとく、こんどはこの地へ初めて越し、見参《けんざん》にいり、祝着《しゅうちゃく》に候。殊に土産《みやげ》色々美しさ、中々目にもあまり、筆にも尽しがたく候。祝儀《しゅうぎ》ばかりに此《こ》の方よりも、何やらんと思ひ候へば、其《そ》の方より見事なる物持たせ候間、別に心ざしなくのまま、まづ〳〵このたびはとどめまいらせ候。かさねて参るの時、それに従ふべく候。中んづくそれの眉目《みめ》ぶり、かたちまで、いつぞや見まいらせ候折ふしよりは、十のもの廿ほども見あげ候。藤吉郎連々《れんれん》不足の旨申すのよし、言語道断、曲事《くせごと》に候か。何方《いずかた》をあひ尋ね候とも、それさまほどのは、又二たびかの剝《は》げ鼠《ねずみ》、あひ求めがたき間、これより以後は身持を陽快になし、いかにも上様《かみさま》なりに重々しく、悋気《りんき》などに立ち入り候ては、然《しか》るべからず候。ただし女の役にて候間、申すものも申さぬなりに、もてなし然るべく候。なお、文躰《ぶんてい》に羽柴《はしば》に拝見こひ願ふものなり。又々かしく。

のぶ（朱印）

藤吉郎をんなども

（土橋嘉兵衛氏旧蔵文書）

宛名の「藤吉郎をんなども」とは、羽柴藤吉郎の女房という意味。つまりこれは信長が秀吉の妻おねに出した手紙である。

年号も日付も書かれていないから、いつのものかはっきりわからないが、秀吉が近江《おうみ》の長浜城主になって間もない、天正四年（一五七六）か五年頃のことだろうか。おねが土産物を沢山持って日頃秀吉が世話になっている主君の信長を安土城にたずね、御機嫌伺いのついでに亭主の愚痴でもこぼして帰ったのであろう。

この信長の手紙は、おねのこうした挨拶《あいさつ》に対する礼状である。大意は、このたびは、はじめて安土城へ出仕してくれてうれしく思う。ことに見事な土産物をいろいろ持参され、かたじけない。いつか再来の折りにお返しをいたそう。とりわけ、お前の容貌《ようぼう》が、以前会った時よりも十倍も二十倍も美しく立派になっている。それなのに秀吉が不足を並べたてているとはまことにけしからん。どこを探したとてお前さんほどの女は二度とふたたび、あの剝《は》げ鼠《ねずみ》の秀吉にはみつかりっこない。だからお前さんも、これからは奥方らしくもっと心を大きくもち焼餅《やきもち》など起こしてはいけない。ただし夫を立てるのが女の役だから、慎みを忘れずに夫の世話をしてやるように。なおこの手紙を羽柴秀吉にもみせてもらいたい——というのである。

冷酷さと優しさと

これは信長の自筆ではないが、側で筆をとる右筆《ゆうひつ》に微笑を浮かべながら文面を指示している信長の姿を想像させる。

一般には冷酷無比な独裁者のイメージが強い信長に、こんな人情味豊かな一面があったとは面白い。それだけでない。女性蔑視《べっし》の女嫌いどころか、どうして女性の喜ばせ方をちゃんと心得ている。容貌《ようぼう》の褒《ほ》め方もさることながら、秀吉にとって彼女の大事なこと、さらに武家の女房のあり方についても、短文のうちに見事に説いている。

北条早雲などは、女性不信の念が強かったとみえ、女房は高きも賤《いや》しきも家財衣装を取りちらかし、火の用心もせず、油断が多いもの、ときめつけているが、信長は女性の重要性を認めていた男である。

安土城の弓衆《ゆみしゅう》の宿所で火事さわぎがあった時、信長はその火事の原因を、火元の男が妻を尾張《おわり》の私宅に置きっぱなしにしていたせいとみなし、妻子をまだ安土に連れてきていない武士達を罰した逸話さえある。信長がいかに戦国の世の、家における妻の役割の大きさを考えていたかがうかがわれよう。

ところで、信長は秀吉や家康とは異なり、女性関係のエピソードが少ないため、女性に対する関心が薄かったように思われ、側室は彼の性欲を満たし、子供を作るための道具にすぎず、愛情を示すこともなかったなどと説かれている。しかし私は、信長の異性に対する態度が冷ややかに見えるのは、彼の潔癖性に起因していると思っている。

たとえば、信長は叔母をみずから手にかけて斬殺《ざんさつ》したことがある。彼女は美濃《みの》岩村城主遠山内匠助《たくみのすけ》の未亡人で、武田の部将秋山信友の妻にさせられた。ところが、やがてその城が織田方に落とされ、叔母が命乞《ご》いに来るが、信長はその叔母の首をはねた。信長にしてみれば、敵の部将に汚された女を赦《ゆる》すことができなかったのであろう。信長とはそういう男である。

また、信長の非情さを語る材料として、娘や妹たちを政略の道具に使ったことが指摘される。たしかに、妹のお市や娘の徳姫の婚姻はまさに政略そのものであり、そのために二人はいずれも悲劇的な運命にみまわれた。けれども他の娘たちの結婚をみると、必ずしも政略第一とはいいがたい。彼女たちの嫁ぎ先は蒲生氏郷《がもううじさと》、前田利長《としなが》、筒井定次、水野忠胤《ただたね》、中川秀政、二条昭実《あきざね》、万里小路充房《までのこうじみつふさ》、徳大寺実冬《さねふゆ》らであった。

その名をみれば明らかなように、配下の有力部将の嫡子と京都の公卿《くぎょう》で、嫁いだ娘たちのほとんどは幸せな生涯を送ったようである。むしろ、お市と徳姫のいかにも政略的なそれが、例外に属するといった方がよいであろう。妹のお市は、信長が美濃の斎藤氏を挟撃し、さら上洛《じょうらく》への道を開くために、近江の浅井《あざい》長政へ嫁がされ、また娘の徳姫は、徳川家康と結んだ同盟の絆《きずな》として輿入《こしい》れさせられた。にもかかわらず、信長は妹婿にあたる浅井長政を滅ぼし、また娘婿にあたる徳川信康を自害させ、お市と徳姫を、ともに絶望の淵《ふち》に沈ませたのであった。

しかし、信長もこの妹と娘を悲運に陥れたことを、内心では思い悩んでいたにちがいない。だから信長は、夫長政を失って傷心のお市をいたわるかのように、少なくとも信長生存中は彼女に縁談をもちかけなかった。お市が柴田勝家に再嫁するのは、信長死後のことである。また信康を失い里に帰ってきた徳姫には、三千石の化粧料を与えて、静かな余生を過ごさせたのであった。

女性史からみれば、戦国の世は妻の時代である。この期に登場する女性の物語のほとんどは妻の話である。出陣に明け暮れる夫の留守をまもる妻の責任は重かった。

しかし信長自身は、女性運の悪い男であった。美濃の斎藤道三《どうさん》の娘として知られる最初の妻、濃姫にも数年で先立たれてしまったらしいし、その後契りを結んだ女性たちにも、織田家をまかせられるだけの信頼はもてなかった。

信長は他人の女房ながら、口も八丁、手も八丁の賢夫人おねに、武人の妻としての及第点をつけ、このような妻をもつ秀吉を、幸運な奴《やつ》と思い、羨《うらや》ましくさえ感じていたのかもしれない。

上杉景勝

弘治元年（一五五五）―元和九年（一六二三）

謙信の死を知らせる

越後の上杉謙信は、地の利の悪さと周辺勢力との争いから、上洛を果たせないまま天正《てんしょう》六年（一五七八）に没し、家督争いが起こる。

弱肉強食の風潮がさかんであった戦国時代において、父祖の遺領を保つのは大変なことであった。

上杉謙信の養子景勝《かげかつ》は、謙信の没後間もなく、太田美濃守資正《すけまさ》に宛てて、次のような手紙を書き送っている。

いまだ申し通《かよ》わずといえども、一筆啓述す。去る十三、謙信不慮の煩《わずらい》取り直されず、遠行《えんこう》。恐怖、識察あるべく候。よって、遺言に任せ、景勝実城《みじょう》に移るべきのよし、様々斟酌《しんしゃく》せしむるといえども、強《し》いて、おのおのことわり候間、其《そ》の意に応じ候。然《しか》れども、万方《ばんかた》の仕置、謙信存生に相替らず候。心安かるべく候。扨亦《さてまた》、其の表《おもて》の儀、謙信申し置く子細ども候に依って、其の上、鬱憤《うっぷん》の弓箭《きゅうせん》に候間、若輩ながら、当代なおもって存じ詰めるの条、相違《あいたが》わず入魂《じっこん》、喜悦たるべく候。なお、重畳《ちょうじょう》申すべく候。恐々謹言。

追啓《ついけい》、謙信遺物の細刀一腰《ひとこし》、差し越し候。形見となすべし。自愛尤《もっと》もに候。以上。

（天正六年）三月廿六日　景勝（花押）

（資正）太田美濃守殿

（太田文書）

文意は、まだ御音信いたしたことがありませんが、一筆啓述いたします。去る十三日、謙信が思いがけない病気を得、持ち直すことができずに死去いたしました。その恐怖はいかばかりなものかお察し下されたい。それで、謙信の遺言によって、この景勝が春日山《かすがやま》の本城に移るべきであるとのこと、いろいろと考慮いたしましたが、周囲の者がそれぞれ、当然そうあるべきだというので、その意見に従った次第です。けれども、すべてのことの処置は、謙信在世中と少しも変わりありませんから、どうか安心していただきたい。さてまた、そちら関東のことも、謙信が申し遺したことでもありますし、そのうえ、鬱憤《うっぷん》を晴らすための戦いでもありますから、若輩ながらこの景勝も、なおもって心を入れて取り組む所存ですので、謙信同様に御懇意にして下されば喜ばしいかぎりです。なおいくえにも、重ねて申し上げることにいたしましょう。

追伸、謙信遺物の細刀一振《ふり》をお届けします。形見にして下さい。御自愛専一に願います――というのである。

文中にある「実城《みじょう》」とは、中世城郭で、本丸に相当する中央の郭《くるわ》をいう。上杉謙信の時代、春日山城本丸を実城とし、そこに謙信が住み、二ノ丸に景虎、そして景勝は本丸からやや左手山中に入った郭に住んで御中城様と呼ばれていた。しかし景勝は謙信の死後、その遺言に従って実城に移ったのであった。

宛名の太田美濃守資正は、太田道灌《どうかん》の孫の資頼（道可）の子で、武蔵《むさし》国岩付（岩槻《いわつき》）城主であった。元来は扇谷《おうぎがやつ》上杉家の重臣であるが、永禄四年春、謙信の小田原城攻めには先陣として従軍しており、上杉家と親交のあった武将である。

謙信の後継者ゆえの恐怖

景勝は、その母が謙信の姉であったので、幼少時から子供のいない叔父謙信の養子として育てられた。謙信はいまひとり北条氏政の弟氏秀を養子とし、景虎と名乗らせていた。そのため謙信が病死すると、景勝と景虎との間に家督相続争いが起こっている。この時、景虎は、兄である北条氏政や、北条氏と姻戚《いんせき》関係にあった武田勝頼の支援を受けたが、こうした景虎の背後にある北条氏の勢力進出に不安を抱いた越後《えちご》の諸豪族の多くが景勝側についたため、景勝は戦いを有利に展開し、景虎を滅ぼして謙信の跡目を相続することができたのである。

謙信が脳卒中で突然死去したのは、天正《てんしょう》六年（一五七八）三月十三日であるから、この手紙は謙信の死から二週間ほどあとに書かれたものである。この頃、景勝はこれとほぼ同内容の手紙を、越後の北城《きたじょう》高広ほか数名の豪族にも書き送り、誼《よしみ》を通じて協力を求めているが、謙信の死に対する「恐怖」と、景勝の胸中をありのままに訴えているのは、この太田資正宛てのものだけである。

景勝が謙信の死とともに抱いた「恐怖」とは、景虎との相続争いといったものより、もっと大きな別のものに対する恐怖であったにちがいない。名将謙信の跡を継いだがゆえに、その後の景勝の生涯はまさに恐怖の連続であった。対内的には、あたかも謙信の強烈な個性に服従を強《し》いられていたことに対する反動のような、諸豪族たちの反発があとを絶たなかったし、対外的には何度も苦境に立たされている。すなわち、最初の恐怖は、織田信長との対立である。早くから越後攻略を表明していた信長は、徳川家康と協力して甲斐《かい》の武田勝頼を討滅すると同時に北陸方面から越後に迫ろうとした。この時、景勝は「六十余州を越後一国でささえ、滅亡しようとも死後の思い出、身にすぎたほまれ」と、そのみずからの手紙を書いているほど決死の覚悟を定めたが、間もなく本能寺の変が勃発《ぼっぱつ》して信長が急死したため危機をまぬがれた。

信長の死後に明智光秀を討った羽柴秀吉に通じ、賤ヶ岳《しずがたけ》合戦では柴田勝家の背後を牽制《けんせい》して、戦局を秀吉の有利に導いたため、秀吉は景勝に感謝し、景勝も小田原征伐や文禄《ぶんろく》の役に従軍し、その功によって文禄《ぶんろく》三年（一五九四）従三位《じゅさんみ》中納言に叙せられ、慶長《けいちょう》二年（一五九七）には小早川《こばやかわ》隆景の跡をうけて五大老にまで列している。しかし秀吉は本心から景勝を信頼していたわけではなかった。それが証拠に、翌慶長三年を迎えると同時に、秀吉は景勝に越後から会津百二十万石への転封《てんぽう》を命じている。これは上杉氏を越後から引き離して、勢力を弱めようという秀吉の策略であった。

やがて秀吉が死去すると、三たび恐怖がせまった。景勝は家康の行動を非難し、上洛《じょうらく》出仕を拒《こば》んだという理由をつけられて討伐を受けた。景勝は家康を迎え討つ態勢をととのえていたが、家康は下野《しもつけ》の小山《おやま》まで来て石田三成の挙兵を知ると、兵を返して西上し、関ヶ原で三成を撃破した。その時、景勝は最上義光《もがみよしあき》・伊達政宗らの東軍諸将と戦ったが、三成敗亡の報に接したため、家康に降伏した。戦後、出羽《でわ》の米沢《よねざわ》三十万石に左遷され、謙信以来の名門上杉氏の権威は失われた。しかし時の権力者に媚《こ》びることなく反骨に生きた景勝は、さすが謙信の後継者といえよう。晩年は静かに余生を楽しみ、元和《げんな》九年（一六二三）三月、六十九歳で没している。

龍造寺隆信

享禄二年（一五二九）―天正十二年（一五八四）

死の四年前に書かれた遺書

戦国時代の九州で、島津・大友とともに勢力を三分していたのは、肥前の龍造寺氏《りゅうぞうじ》である。一代にして戦国大名として雄飛した龍造寺隆信《たかのぶ》の遺言状が残されている。

遺言状といえば死期近くに書かれるというのが普通であろう。しかし、戦国武将の遺言状は、まだ元気なうちに書かれていることが多い。よく知られている毛利元就《もとなり》が三人の子、隆元・元春・隆景に与えた遺言状も、死の十四年前に書かれたものである。つねに生と死の淵《ふち》に置かれていた乱世ゆえに、武将たちの間には、不慮の死にそなえて、はやくから遺書を用意することが行われていたものと思われる。

龍造寺隆信も、その死の四年ほど前に、彼の三男で後藤家の養子となっていた家信に宛てて、次のような自筆の遺言状を書いていた。

又申し候。鍋島飛騨守《ひだのかみ》事、卒度《そつど》は我等存分のやうに候の間、我等死去の後、彼《か》の者に相談候て然《しか》るべく候。兎角鎮賢《とかくしげかた》え違う儀候はば、草のかげよりも守るべからず候。

正路《しょうろ》覚悟専一に候。
我等死去の時、家内その外此比《このごろ》のやうに覚悟あるべく候。尤《もっと》もその方存命の間、何《いずれの》篇《へん》鎮賢存意《ぞんい》の外、意分《いわけ》これあるべからざるの事。
四月廿日（天正八年カ）　隆信（花押）
家信
まいる申し給へ
（鍋島家文書）

文意は、自分が死んだ場合、家内やその他の家来どもを、今のように扱ってやる覚悟をもってほしい。お前が生きている限り、なにごとにも龍造寺の家督である鎮賢（のち政家と改名）の考えに従うべきであり、何にせよ意見を分かつようなことをしてはならない――といい、さらに返し書では、重臣の鍋島飛騨守信昌、すなわちのちの鍋島直茂《なおしげ》は少しばかり信頼できる者だから、自分の死去のあとは彼に相談せよ。もし鎮賢の命を守らぬようなことがあったらお前のことを草葉の陰から守りはしないぞ。不正をせず正道を行く覚悟が肝要――というのである。
龍造寺は島津・大友とともに九州の三強の一つに数えられた戦国大名である。しかし、このうちの島津・大友は鎌倉以来の名家であり、しかも近世大名へと発展しているが、これに対して龍造寺は、祖先も明らかでない小土豪から、隆信が一代で築き上げ、彼の死とともに消え去った氏族である。

一代で興亡した大名

隆信は享禄《きょうろく》二年（一五二九）二月、肥前《ひぜん》国佐嘉郡の豪族龍造寺氏の分家、水ケ江龍造寺周家《かねいえ》の子として生まれた。七歳で出家し、仏門の道に精進していたが、天文《てんぶん》十四年（一五四五）、少弐《しょうに》氏の老臣の陰謀によって、祖父家純、父周家、叔父頼純の三人が殺される事件が起こり、水ケ江家の後嗣者が絶える状態となった。

そこで彼は、当時九十三歳の高齢にあった曾祖父《そうそふ》家兼の命によって還俗《げんぞく》し、民部大輔胤《たね》信《のぶ》と改名して、水ケ江家を相続した。時に十八歳であった。

その後間もなく、龍造寺本家の胤栄《たねみつ》が二十四歳の若さで病死したことから、かれは胤栄の未亡人を妻として本家の家督を相続することになった。

こうして龍造寺の惣領《そうりょう》となった胤信は、大内義隆に頼り、その一字をもらって山城守隆信と名乗り、近隣の諸家と戦った。大内義隆の滅亡後、家臣の謀略によって一時追放されるが、やがて勢力を挽回《ばんかい》、少弐氏を滅ぼして肥前を平定し、佐賀城を根拠に北九州の強豪にのし上がった。

このような隆信の勢力の増大は、必然的に領域を接する大友宗麟《そうりん》との対決をせまられることになり、一時はこれに服さざるを得ない状況になった。しかし天正《てんしょう》六年（一五七八）十一月、宗麟が日向《ひゅうが》の耳川で島津義久と戦って大敗したので、これを機に隆信は、大友領の筑前《ちくぜん》・筑後《ちくご》・肥後《ひご》に攻め入り、島津・大友とともに九州を三分する勢力を築いた。

こうして最絶頂期を迎えた天正八年（九年説もある）、隆信は嫡子鎮賢（政家）に家督を譲って隠居した。この遺言状には年号が記されていないので、確かなことはわからないが、おそらくこの隠居後間もない頃に書かれたものであろう。他家を嗣いだ家信に対して、自分が不慮の死にあった際の心構えを説き、惣領鎮賢に対する一族の者の絶対服従を命じたのである。もし天正八年のものとすれば、その死の四年前になる。

だが、皮肉なものである。龍造寺に斜陽の影がさしはじめたのもちょうどこの頃のことであった。島津の武威がますます高まり、龍造寺に離反する諸豪族の動きがあらわれたのである。天正十二年には、嫡子鎮賢の妻の実家である島原の有馬鎮貴《しげたか》までが叛旗《はんき》をひるがえした。そこで隆信は、鍋島信昌らの家臣のいさめも聞かず五万の兵を率いて島原へ進撃したが、有馬救援のために出兵した島津軍に破られ、三月二十四日に戦死している。享年五十六であった。

ところで、他人の性格を見抜くなどということはむずかしいものだ。この手紙にもみられるように、隆信の鍋島信昌に対する信頼ぶりは大変なものであった。だが結局は、隆信の死後、龍造寺の実権はこの信昌に握られ、政家の子高房の時、彼に領地まで奪われてしまう。隆信の死から四年後のことであった。

後年、高房は信昌を憎んで二十二歳で自殺したといわれ、その後の龍造寺氏の領地回復運動は後世、巷間《こうかん》に化猫《ばけねこ》騒動の伝説まで生んだのである。しかし、龍造寺と鍋島とが肥前三十五万石余を争い合った末、鍋島家が佐賀藩主の座についたことは事実であるが、「佐賀の夜桜」や「花野嵯峨猫魔稿《はなのさがねこまたぞうし》」で劇化されたような化猫騒動が実際にあったわけではない。

吉川経家

天文十六年（一五四七）―天正九年（一五八一）

わが命に代えて部下を助けよ

織田信長の中国経略は着々と進められた。その先鋒《せんぽう》となって進軍した羽柴秀吉の前に、毛利氏の領国は切り崩されはじめていた。

生死の極限まで追い詰められる戦争には、人間の本性がむき出しにされる。戦国時代の数ある戦いの中でも、最も凄惨《せいさん》であったのは鳥取城の籠城戦《ろうじょうせん》であろう。

舞台は山陰である。信長の命により西国毛利攻めの先鋒として出陣した秀吉は播磨《はりま》・但馬《たじ》を征するとさらに因幡《いなば》に進んで鳥取城を攻めた。秀吉軍の猛攻に恐れ慄《おの》いた城主山名豊国《とよくに》は、天正《てんしょう》八年（一五八〇）九月、城を脱出して降参した。が、城兵達はなおも城を固守し、援を毛利氏の部将吉川《きっかわ》元春に乞《こ》うた。そこで元春は秀吉軍との戦いの最前線基地となった鳥取城防衛のために、一族の経家《つねいえ》を派遣した。

翌九年三月、約四百余の精兵が立て籠《こも》る鳥取城の指揮をとるために入城した経家は、来《きた》るべき秀吉軍の総攻撃にそなえ、城内の武器や兵糧《ひょうろう》の補給を急いだ。しかし、敵軍のために毛利からの救援の道を遮断《しゃだん》された上、すでに鳥取周辺の農家の米をも買収され、田畑さえ刈り取られたため、戦備も整わないままに秀吉軍の攻撃を迎えなければならなかった。七月のはじめ、秀吉みずから率いる数万の大軍は、鳥取城を遠巻きに囲むと、空堀《からぼり》を掘り、柵木《さくぎ》を組み、城の濠《ほり》に通ずる袋川に縄を張りめぐらし、万全の包囲陣をしいた。

生き地獄のような鳥取籠城戦がここに始まった。それから十月の末まで約三か月、城兵達は昼夜を分かたず飛来する矢玉と飢えとの戦いに苦しみ続けた。

籠城戦は、時には火花を散らす激闘の戦場よりも苛《か》酷《こく》で悲惨だ。敵の包囲網の中に城内の食糧は底をつき、水も涸《か》れる。やがて、饑《ひも》じさに生気を失った兵士たちの肉体に熱病がとりつき、一人また一人と動かなくなる。デマが飛び、味方同士で疑い合う。恐怖のために死神にとりつかれたように狂い叫ぶ者もいる。想像しただけでも恐ろしい光景である。いや事実は想像をはるかに絶していた。鳥取の籠城兵達は、糧食つき草木や牛馬をも食べつくすと、やがて同士の人肉まで喰《く》い合ったのである。敵の銃弾に倒れた虫の息の戦友に群がり、刃物を手にして関節を切り、血のしたたる肉をくわえ、脳髄を奪い合ったという。

籠城数か月、城内のあまりの惨状にもはやこれまでと覚悟を定めた城将経家は、使者を秀吉に遣わし、自分は切腹するから、どうか城兵たちの生命を助けてほしい――と懇願した。秀吉は経家の勇気をほめ、開城を許し、経家の死も無用と伝えた。しかし、経家の決意は堅く、十月二十五日切腹して果てたのである。その死の前夜から早朝にかけて、経家はみずから筆をとって吉川の本家や敵の大将秀吉、石見《いわみ》福光にいる父や子供達、家来衆などに、合わせて八通の遺書を認《したた》めていた。ここに紹介するのは、その中の父経安《つねやす》に宛てた一通である。

去る七月十二日、羽筑《はちく》取り詰め候。夜白《よるひる》二百日余り、堅固に相抱《あいかか》へ、今に於《おい》ては兵粮《ひょうろう》相縮まり候条。一人悴腹《かせばら》に及び、諸人恙《つつが》なく相助け候。其《そ》の仕合《しあ》はせ、御一門の名誉たるべく候。恐惶謹言《きょうこうきんげん》。

天正九
十月廿五日　　　　式部少輔《しきぶのしょう》経家（花押）

経安様
参る御申す

（吉川家文書）

文意は、去る七月十二日に羽柴筑前守秀吉が鳥取に詰め寄せ、城を包囲した。以来昼夜二百日余り堅固に防戦してきたが、今にいたっては兵糧《ひょうろう》もつき果てた。かくなる上はこの経家一人腹を切り、城兵達の生命を助けたい。吉川家の名誉ともなろう——というのである。「二百余日」というのは経家の入城以来の日数をも含んでいるのであろう。

劇的な戦国武将の死

経家最期《さいご》の有様は、その死を見届けた小姓や、一部始終を訊《たず》ね聞いた父経安の覚書などによって生々しく伝えられている。開城を終えると、行水に身を清め、死装束に改めて具足唐櫃《そくからびつ》の前に端座した。辞世の句を記し、別れの杯を飲み乾《ほ》すと、別室に控える秀吉の検使に突然のことゆえ無調法もありましょう――と大声で挨拶《あいさつ》し、二つ三つ高笑いを残すや、腹に脇差《わきざし》を突き立てて真一文字に引いた。享年三十五であった。清められた首は首桶《くびおけ》に納められ、遺書とともに秀吉の陣所へ届けられた。

いかにも従容《しょうよう》とした経家の死は、敵味方の人々に大きな感動を与えた。吉川本家、元春の嫡男元長《もとなが》は、わが子を失って傷心の経安に書を送り、経家の行為を称《たた》え、死んだ経家のことはわが子のように思っている。また今後はこの自分を経安の子供のように考えてもらいたい。できるだけのことはしたい――と慰めている。

ところで、戦国時代の諸書には、武将の死にぎわの場面を描いた記述がじつに多いが、それは、死に方というものが大きな関心事となっていたからであろう。鳥取における吉川経家の最期の場面をみても、死にゆくものはみずからの死にぎわを演出し、これをみる者も、その臨終の劇的な姿に感激をしていたようにさえ感じられる。

泰平の世、江戸時代の武士道では、従容とした静かなる死が理想とされたが、戦国時代の人々は、いかにも乱世らしい壮烈な最期を理想としていたようである。それは、見事な死に方をした者の遺族や子孫たちが優遇されていたことによってもうかがわれる。興亡流《る》転《てん》のいちじるしい戦乱の世ゆえに、人々はその壮烈な死を理想としていたのであろう。

それにしても、死んで責任をとるなどという考え方は、野蛮で、いかにも戦国時代的である。しかし、国民を塗炭の苦しみに陥れたかつての戦争指導者たちの無責任さや、多くの人々に迷惑を及ぼすような違法行為を行いながら、組織・大衆という盾に隠れて、己《おのれ》の責任をさえ反省しない現代の指導者層を思う時、すべてをつくして戦った末、敗北を認めれば諸人を助けるために、みずからの生命を犠牲にして果てた経家の潔《いさぎよ》さの方が、世人の感嘆を得るかもしれない。

戦争の悲惨さ、人間本性の醜さ、恐ろしさをまざまざとみせつけられるような鳥取籠《ろう》城戦《じょうせん》の中にあって、人間らしさを感じとれるせめてもの救いは、吉川経家の悲壮な最期《さいご》であったといえよう。

なお、秀吉にとっても鳥取城攻めは、終生忘れ得ぬ自慢の戦いの一つであったらしい。小田原陣中から浅野長吉以下二人に送った朱印状の中で「三木の干殺《ほし》し、鳥取の渇《かつ》え殺し、また高松に太刀《たち》も刀もいらず、水をくれ」といっている。人を切ることが嫌いであるとか、太刀も刀もいらないとかいうのは、むろん秀吉独特の宣伝文句ではある。秀吉は、三木城、鳥取城、高松城攻めに代表されるような攻城戦を得意とした。ことに鳥取城攻めに際しては、あらかじめ米買い船を送り込み、鳥取周辺の米を高価で買いあさった上で兵糧攻めとし、また高松城攻めでは、城を水浸しにするために大堤防を築き、足守《あしもり》川をせきとめてその水を流し込み、周囲を二万の兵で遠巻にしたのであった。この敵地における米の買い占めや、敵城を水浸しにするという方策は、いずれも味方の兵の損失を少なくして、攻城戦を短期間で終結させるきわめて効果的な作戦であったといえる。

滝川一益

大永五年（一五二五）—天正十四年（一五八六）

名物茶器が欲しい

天正《てんしょう》十年（一五八二）三月、織田信長は武田氏を滅ぼし、甲斐《かい》・信濃《しなの》をその領国に加えた。甲州武田討伐の先鋒《せんぽう》として大功を立てた滝川一益《かずます》は、信長から褒美として、従来の北伊勢五郡に加えて、新たに信濃佐久《さく》・小県《ちいさがた》二郡を与えられ、そのうえ関東管領《かんれい》に任ぜられた。一益の陣所は、彼の破格の加増を祝って出入りする訪問客でにぎわった。が、当の一益自身には、喜びの表情がまったくみられなかった。

それから間もない四月のはじめ、関東の政務をとるため、碓井《うすい》峠を越えて上野《こうずけ》の廐橋《まやばし》（前橋）城に入った一益は、大郎五郎という人物に宛てて、次のような返信の手紙を書いていた。

> さても〳〵、此《こ》の遠国《おんごく》まで御文《おんふみ》、殊に一箱御心ざしといひ、又御床《ゆか》しさといひ、旁《かたがた》賞翫《しょうがん》他に無く候。存知より候はぬ地獄へおち候。宇治も弥々《いよいよ》とほく成り候条、茶も如何《いかが》かとはかりがたく候。何篇《いずれのへん》に付、不道具たるべく候。心がけ候ても、ならぬ事の

みたるべく候。別の所作もならぬ国にて候条調《ととの》はずとも、弥々すき一篇(数奇)に候。とね川(利根)と云《い》ふはたに居住すべく候条、水は形のごとくたるべく候、炭も津国《つのくに》程はこれなく候といへども、木は多く候条、せい(精)を入れやかすべく候。釜《かま》は今に一つもなく候。爰元《ここもと》取り静め、山中迄《まで》ほりまはるべく候。今度武田討果し候。自然希《ねがい》もこれ有るかと御尋も候はゞ、小なすび(茄子)をと申し上ぐべき覚悟に候ところ、さはなく、遠国にをかせられ候条、茶の湯の冥加《みょうが》はつき候。弥々京堺《さかい》のすき御床敷《ゆかしき》までに候。来年は罷《まか》り登るべく候。其《そ》の節、御茶たぶべく候。新介方へ別紙に申すべく候へ共、万々《ばんばん》いそがはしく候条、御心得にあづかるべく候。申し度き事多く候へ共、つき候まじく候条、万《よろず》御推量候べく候。恐々謹言。

(天正十年)卯月四日　一益（花押）

三国一

大郎五郎へ　返事

（畑柳平氏旧蔵文書）

文意は、さてさて、この遠国までお手紙、ことに一箱の贈り物を下されたこと、そのお志といい、また御ゆかしさといい、いずれにしても珍重この上ない。このたびはまったく思いもよらぬ地獄へ落ち申した。宇治もいよいよ遠くなったので、茶もやれるかどうかわからぬ。何さま道具もそろわず、またそろえようと心掛けてみても、できぬことばかり。といって別の慰みもできぬ国であるから、道具が調《ととの》わなくても、いよいよ茶数奇一途になるほかはない。利根川という川のほとりに住んでいるから、水はある。炭も上品の摂津《せっつ》炭のようなわけにはいかぬが、木は多いから、精を出して焼かせよう。釜《かま》はまだ一つもない。この辺を平定して、山の中まで探して掘り出し物をみつけよう。今度武田を討ち果たした。信長公が、望みをお尋ねになったならば、小茄子《こなすび》の茶入れをいただきたいと申し上げるつもりであった。ところがそれはなく、このような遠国に置かれてしまったのであるから、もはや茶の湯の冥加《みょうが》もつき果てた。いよいよ京都や堺での数奇がゆかしく思われるばかりでござる。来年は上方《かみがた》に上ろうと思っている。その節にはお茶をいただきたい。新介方へも別紙で手紙を出すべきではあるが、いろいろと忙しいので、どうかよろしくお伝え願いたい。申したいことも多いが、きりがないのでこれでやめる。万事御推量下され——というのである。

最後はやはり名誉欲

宛名の「大郎五郎」とは、いかなる人物か明らかではないが、あるいは三国一とか天下一とか呼ばれていた京都あたりの職人で、一益とも親しい茶人であったのかもしれない。一益は、関東在住を命ぜられて茶の湯と縁が薄くなった淋《さび》しさを、旧知の茶友に語ったのである。

ここで一益が、関東管領という名誉や、上野一国の大名という地位よりも、小茄子の茶入れをもらうほうが嬉《うれ》しいといっているのは興味深い。もちろんこれは、茶人・数奇者を気取っての冗談ではあろうが、しかしこうした冗談が日常の手紙にまで、出てくるほど、当時の大名たちの間に茶の湯が流行していたのである。

この手紙にもうかがわれるように、信長時代には、名物茶器が一国一城よりも重んぜられていた。それは、「茶湯政道《ちゃのゆせいどう》」とさえいわれるように、信長が茶器を政治的な意図をもって利用したことによるものと考えられている。

すなわち、与える土地には限界があったため、信長は名物茶器の賞賜《しょうし》をもって論功行賞に代え、茶の湯をたしなむことをも栄誉として許可したというのである。だから一益が望んだ小茄子茶入れは、当時としては最高の栄誉勲章に相当するものであったのだ。

物質的な欲望が満たされると、やがて社会的な名誉を欲しがるようになるのが人情というものであろう。近江《おうみ》国甲賀《こうが》郡の土豪出身の一益は、信長に仕えて以来精一杯働き、永禄《えいろく》十二年（一五六九）の北畠《きたばたけ》攻めや、天正二年（一五七四）の長島一揆《いっき》討伐、翌三年の長篠《ながしの》合戦にも手柄を立て、いまや織田家の上層家臣の一人に列するようになっていた。

しかし、まだ一益は、羽柴秀吉や明智光秀、柴田勝家、丹羽《にわ》長秀らのように、信長から茶器の下賜を受けるという栄誉には浴していなかった。武田攻めに大いに戦功を挙げた一益は、今度こそは念願の名物茶器をわが手に――と大きな期待を寄せていたのであろう。ところが、結果は意外であった。ここにも、失意の底に沈んでいる一益の姿が察せられる。期待が大きかっただけに、この時の失望はすっかり一益の自信を喪失させてしまったようである。その後の一益には、かつてのような豪勇武将の面影はみられない。天正十年六月二日、本能寺の変が起こると、小田原の北条氏直の攻撃を受け、これと神流川《かんな》に戦って大敗し、伊勢長島に逃げ帰っている。そして同十一年の賤ケ岳《しずがたけ》合戦に際しては柴田勝家にくみしたが、秀吉に降参し、翌十二年の小牧の役には秀吉に従ったものの、徳川家康に攻められ、守城の尾張蟹江《かにえ》城を明け渡している。役後、秀吉から三千石を与えられたが、功なきを恥じ、剃髪して入庵と号し、ついで越前《えちぜん》国大野に引退し、天正十四年の九月九日、六十二歳で病死している。

明智光秀

享禄元年（一五二八）？―天正十年（一五八二）

叛乱はしたものの

天正《てんしょう》十年（一五八二）六月二日の早暁、明智光秀の本能寺襲撃は成功し、天下統一を目前にしながら、信長は斃《たお》された。

光秀はもと足利義昭に仕えていた幕臣であったが、彼の行政手腕を高く評価した信長にスカウトされ、織田政権の京都支配にかかわる大任を委《ゆだ》ねられた。そして禄高《ろくだか》も近江《おうみ》志賀郡と坂本城および丹波《たんば》一国二十九万石と亀山《かめやま》城、合わせて三十四万石を与えられ、織田家の重臣としての地位を獲得していた。しかも典型的なインテリ、知識人であり、あたかもエリートコースを歩んだ高級官僚のような男であった。それがなぜ反逆、そして破滅への道を進んだのであろうか。

ここに紹介する光秀の手紙は、本能寺の変後一週間を経過した頃、丹後《たんご》国宮津城主の細川藤孝《ふじたか》（幽斎）に宛てた自筆の覚書である。藤孝は光秀の娘婿細川忠興の父であり、長年の親友でもあった。

覚

一、御父子もとゆゐ御払い候由、尤《もつと》も余儀なく候。一旦《いつたん》我等も腹立ち候へども、思案候ほどかやうにあるべきと存じ候。然《しか》りといへども、此上《このうえ》は大身をいだされ候て御入魂《じつこん》こひねがう所に候事。

一、国の事、内々摂州を存じあて候て、御のぼりを相待ち候つる。但・若の儀は思召寄せ候はばこれもって同前に候。指合《さしあわせ》きつと思し付くべく候事。

一、我等不慮の儀存じ立ち候事、忠興など取り立て申すべきとての儀に候。更に別条なく候。五十日・百日の内には近国の儀相堅むべく候間、其《そ》れ以後は十五郎《とごろう》・与一郎殿など引き渡し申し候て、何事も存ずまじく候。委細両人申さるべき事。

以上。

六月九日(天正十年)　　光秀(花押)

(細川家文書)

大意は、信長の死をいたんで藤孝・忠興父子が髻《もとどり》を切ったことについて、自分も一度は腹を立てたが、思えば無理もないことだ。しかし、かくなった上は大身の家来とともにこの光秀に味方してほしい。御父子に進呈すべき国として、内々摂津《せつつ》をと考えて上京をお待ちしているが、但馬《たじま》・若狭《わかさ》をもというのなら、これも手配をしお望みどおりにしよう。自分が今度このような行動を起こしたのは、婿である忠興などを引き立てたいがためであり、他に目的はない。ここ五十日、百日のうちには近畿を平定し、それ以後は十五郎（光秀の嫡子）や忠興に譲って引退するつもりだ――というのである。

信長を討ち果たした光秀は、信長の積悪と事変の始末を諸国に通報すると同時に、八方に味方を募《つの》り、藤孝にも飛脚を送った。しかし藤孝は、忠興とともに髻を払って信長に対する弔意《ちょうい》をあらわし、家督を忠興に譲って兵を動かさなかったのである。細川父子だけではない。大和の筒井順慶《じゅんけい》や、摂津茨木《いばらき》の高山重友《しげとも》（右近）など、光秀の組下の部将も光秀の檄《げき》に応じる気配を示さなかった。

インテリ才子の悲劇

光秀反逆の動機や原因については、怨恨《えんこん》説、野望説、室町幕府再興説などのほか、さまざまな奇説、珍説までもが横行している。私自身は、光秀の反逆は、間接的には怨恨もあろうが、その根本は信長に見捨てられ、乱世を生き抜く自信を失った実務派型武将のノイローゼ的反抗と考えている。

ヒステリックになった反逆時を別にすれば、光秀という人物は、常に冷静さを失わない、インテリ型人間であった。ここにいうインテリとは、和歌・連歌や有職故実《ゆうそくこじつ》に長じていたといったような素養のことではない。そのあくまでも計算高く、理性を失わない知的な体質である。ルイス・フロイスは光秀について、「友人たちの間にあって、彼は人を欺《あざむ》くために七十二の方法を深く体得し、かつ学習した、と吹聴《ふいちょう》していたが、ついにはこのような術策と表面だけの繕《つくろ》いにより、あまり謀略に精通してはいない信長を完全に瞞着《まんちゃく》し、惑わしてしまった」と評している。信長を好み、光秀を嫌った宣教師の言であるから、これをそのまま信ずるわけにはいかないが、光秀が冷徹な才子であったことは事実であろう。

そのような光秀が、よく講談に語られる、母を殺されたとか、女房をねらわれたとか、家康饗応《きょうおう》の失敗を責められたとかいったような怨恨がもとで反逆するはずがない。だからといって、室町幕府再興のためというのも、少々うがちすぎている。信長殺害後には、そのような正義を標榜《ひょうぼう》したかもしれないが、光秀の過去の行動からすれば、本心とは思いがたい。立身を夢みて朝倉から義昭に鞍《くら》がえし、義昭の将来を見越せば素早く信長に走ったほどドライな性格の光秀である。生命を賭《か》けてまで、将軍家再興のために感奮興起するような男でもあるまい。

信長暗殺という点からすれば、たしかにこの時は絶好のチャンスであった。織田の重臣のうち秀吉は備中《びっちゅう》高松城攻めのまっ最中。柴田勝家は越中《えっちゅう》の魚津《うおづ》にあり、滝川一益は上州の廐橋《まやばし》（前橋）に、丹羽《にわ》長秀は信長の三男信孝とともに四国に渡海しようとしている。家康は泉州堺《さかい》の町の見物中、光秀をさえぎる軍勢は京都の周囲になかった。

この手紙の中で五十日、百日のうちに近畿を平定する、といっているように、光秀は、織田の重臣達が出払っている今、信長を殺せば、周辺の諸勢力は光秀になびき、畿内平定ができると考えていたのであろう。ところが光秀の期待に反して周囲の人々は動かなかったのだ。意外な反応に狼狽《ろうばい》し、焦燥《しょうそう》にかられている光秀の様子が、ここにもありありとうかがえる。

同じ九日、光秀は洛東《らくとう》吉田の吉田兼見《かねみ》の家を訪ねて、朝廷に多額の金子を献じ、五山をはじめ大徳寺・妙心寺などにも銀子を寄付し、洛中市民の税をも免じた。むろん世間の歓心を買い、自己の立場を有利に導こうとしたのである。だがそれでも世間は動かなかった。知識人というものはずるいものだ。騒乱事件に暴徒となる群衆のような軽挙妄動はしない。じっくりと大勢を見定めた上で世論と称して扇動する。平安朝以来何度も支配者の交替を経験してきている京都の人々は、光秀の想像を超えてはるかに慎重であった。

光秀の京都支配が、かりにもう一か月も続いたなら、天下の形勢は有利に動いたかもしれない。状況志向性の強い日本人のこと、時の権力に媚《こび》を売る大衆の動きもあらわれよう。しかし光秀は勝運に恵まれなかった。計算外の早さで秀吉が備中高松から引き返してきたのである。しかも、光秀軍の二倍半にあたる約四万の大兵を従えて。光秀は全軍を集結させる余裕もないまま山崎で秀吉軍と戦って潰滅《かいめつ》し、敗走の途中山科《やましな》の小栗栖《おぐるす》で落武者を襲う野伏《のぶせり》の竹槍《たけやり》に突かれて自刃した。六月十三日のことである。

光秀は、勝運に乗った秀吉に敗れた。しかし運というものは実力があってこそ恵まれる。

光秀は天下取りとしての器量に欠けていた。この手紙で、今度の行動は忠興のためであるとか、望み次第の国を与えようなどといっているのも、いかにも弱々しい。光秀は世論の支持を当てにして失敗した。実力闘争の戦国乱世、世論をひきつけるのは個人の力量であり、実力があればこそ大義名分もまかり通り、世間もまたこれを認めるのである。

Ⅲ　天下人、豊臣秀吉の時代——山崎合戦から秀吉の死まで

柴田勝家

大永二年（一五二二）―天正十一年（一五八三）

秀吉の不法行為を非難

山崎の合戦から十四日後の天正《てんしょう》十年（一五八二）六月二十七日、尾張《おわり》の清洲《きよす》城で、柴田勝家・羽柴秀吉・丹羽《にわ》長秀・池田恒興・堀秀政・滝川一益《かずます》ら織田家重臣による会議が開かれた。これを世に清洲会議と称している。

清洲会議は、亡君信長の後継者の選定と遺領配分をとり決めたもので、織田陣営の将来をも左右する重要な会議であった。その結果、信長の後継者については、信長の三男信孝《のぶたか》を推した勝家の主張はしりぞけられ、嫡孫三法師を立てようという秀吉の意見が受け入れられた。また信長の遺領配分は次のように決定された。

三法師は、焼失した安土《あづち》城を再建してこれに移り、その近辺の近江《おうみ》坂田郡二万五千石を台所入とし、堀秀政が代官となって蔵入《くらいり》の管理を行う。

次男信雄《のぶかつ》は、従来の伊勢《いせ》に加えて、清洲城のある尾張を相続する。

三男信孝は、岐阜城のある美濃《みの》を相続する。

羽柴秀吉は、従来の播磨《はりま》の他に、新たに山城《やましろ》・河内《かわち》および光秀の旧領丹波《たんば》を加え、本領の近江長浜六万石は柴田勝家に割譲する。

丹羽長秀は、従来の若狭《わかさ》の他に、新たに近江の高島・滋賀二郡を加え、その旧領佐和山二十万石は堀秀政に譲る。

池田恒興は、従来の摂津《せっつ》の池田・有岡の他に、新たに大坂・尼ケ崎・兵庫を加える。

明智討伐に戦功のあった将士のうち、蜂屋《はちや》頼隆《よりたか》に三万石を加増し、中川清秀・高山重友らにも若干の所領を加増する。そして滝川一益にも従来の北伊勢に加えて五万石を加増する。


以上のとおりであるが、さらに京都の政治は当面の間、柴田・羽柴・丹羽・池田ら四人がそれぞれ代表を出して合議の上で行うことをも申し合わせ、これらのことを信雄・信孝にも伝えて承認を求めたのであった。

清洲会議は、終始秀吉の主導によって行われた。これは柴田勝家にとっては、なんとも不本意なことであったろう。かつて信長生前の時代にあっては、柴田がナンバーワン、丹羽がナンバーツー、そして羽柴がナンバースリーといったところであった。しかし、清洲会議が行われた時点になると、織田陣営における勢力関係は、以前とはまるで違うものになっていた。なにしろ、羽柴・丹羽は山崎の合戦の勝者であるのに対し、柴田は何の戦功もなかった。しかも山崎の合戦に勝利をもたらし、明智光秀を滅ぼして主君の仇《あだ》を報じたのは、ひとえに秀吉の功績によるものであることが明白であったから、秀吉の存在は今やトップの座に躍り出たも同然となっていたのである。

さて、この清洲会議から約三か月後、勝家は堀久太郎秀政に宛てて、次のような手紙を書き送っていた。

覚

一、羽筑（羽柴秀吉）と申し合はせし節目に相違なきの事。

付《つけたり》、縁辺の儀、弥《いよいよ》其《そ》の分に候。然《しか》りと雖《いえど》も、主をさあひ（ママ）事に候間、其の理《ことわり》に候事。

一、清須に於《おい》て申し究《きわ》めし誓印の置目条々に相違候て、仕置《しおき》共一向相替り候間、諸人不審を相立て、下々《しもじも》ならびに国々より申す体《てい》余儀なく候哉《や》。其の段分明《ぶんめい》たる事。其の時の定めの如《ごと》くこれあらば、何故《なにゆえ》申す事あるべき哉。羽筑と勝家の間の儀、元来等閑《とうかん》なく候。此《こ》の刻《きざみ》は猶以《なおもっ》て申し談じ、天下御分国中静謐《せいひつ》の評定勿論《もちろん》に候処、清須已来《いらい》の裁許《さいきょ》は申すに及ばず、諸人の分別これあるべきの事。

一、勝家手前の事、長浜付の配分の外、一粒一銭、ならびに中次《もうしつぎ》の諸侍等の儀、聊《いささか》以て其の繕《つくろ》いなく候。余りに恣《ほしいまま》の由、各歎《なげ》き申すに付て、其理は度々申し遣はし候。手前に於《おい》ては、順路の分配これあるべきと存ずるによって、一切知行にも諸侍にも手懸《てがけ》これなきの事。

一、若子様《(三法師)》の御事、惟《これ》五郎左《(丹羽長秀)》より、一人として岐阜へ申し上げらる由に付て、各一同に兼て約諾の如く御座を移され候様にと、岐阜へも、五郎左へも返事申し候。其の墨付は双方にこれあるべき事。

一、今度上様《(信長)》御不慮の刻、天下伴□《(欠損)》処、相治まると雖《いえど》も、いまだ四方に御敵これある上、内輪の申し事鉾楯《むじゅん》を相止め、其の行《てだて》を引切り、四方へ馳走《ちそう》せしむれば、上様御座なきと雖《いえど》も、本意たるべき処、是非なき次第に存じ候。家康手前の儀、度々《たびたび》御動座成され、武田一類《いちるい》悉《ことごと》く討果され、平均に仰せ付らるる御跡に候。殊更《ことさら》北条が事、御在世中は、毎事御意を伺い候処、立つ所の覚悟を替へ、所存もなき候輩《ともがら》、家康と対陣、既に実否究《きわ》まり候段、天の与へに候条、各相談を遂げて懸向ひ、即座に追崩して討果し候へば、誠に続目の軍忠、且《かつ》は御弔《とむらい》にも成り、且は一天下の誉《ほまれ》これに過ぐるべからず候哉《や》。然《しか》るに其の段にも手を付けず、御分国の内私のために新城を構へ、種々の雅《(我)》意、何を敵と仕り此《こ》の如きに候哉。置目の如くに於《おい》ては、か様の題目は勿体《もったい》なく候。我が人間柄は悪敷く候共、此の般は入魂《じっこん》仕り、近年上様の御苦労を以て相治められし御分国の御仕置等、及ばず迄《まで》も相守るべきの処、結局友《(共)》喰にて相果し、人の国になすべき哉。併《しか》しながら本意にあらず、天道にもそむくべきか。其の段に相究むるに於ては、無念至極に候事。

已上。

（南行雑録）

勝家（花押）

柴修（柴田修理亮）

（天正十年）十月六日

堀久太郎（秀政）殿

形式は一つ書きで五か条の覚書としている。長文であるので、大意のみを記し、これに若干の補足説明を加えよう。

冒頭の第一条では、羽柴筑前守秀吉と話し合った事柄について、自分は何ひとつ相違してはいないといっている。付加の部分は文脈の不明なところがあるが、「縁辺」というのは、勝家とお市との縁談を指しているようである。

第二条では、清洲会議における誓約がいっこうに守られていないため諸国が勝手なことをいっている。定めをしっかりしなくてはいけない。秀吉と勝家との間は、元来等閑《とうかん》ない（懇意な）はずである。今はもっと相談し合い、天下がおだやかに治まるように評議をすべきである。

第三条では、この勝家は長浜のほか一粒一銭をも私していない。諸侍に対しても道理を説き、規定以外の知行を与えるようなことはしていない。ここでは、勝家が筋目を正しているのに、秀吉は公私をわきまえずに勝手なふるまいをしているといいたいのであろう。

第四条では、三法師を安土へ移すという清洲会議におけるとり決めがいまだに進行されていないので、これを早く実現させるようにと岐阜の信孝および惟住《これずみ》（丹羽）五郎左衛門長秀に進言したというのであろう。

そして第五条では、信長が不慮の死をとげ、いまだ四方に敵がある。内輪の争いをやめてそれらの敵に当たろう。家康は武田一族を討ち果たし平定したではないか。ことに北条氏政は信長の死後その態度を変えて家康と対陣している。おのおのと相談して出兵し、即座にこれを討伐すれば信長の弔《とむらい》とも天下の名誉ともなろうといい、ついでに秀吉が山城国の山崎に築城したことを、誰を敵にするつもりなのかといって非難し、最後に、勝家との昵懇《じっこん》の交わりを希望し、共食《ともぐ》いをするようなことはよそうではないかといっている。

一徹者の怒り

宛名の堀秀政は、信長の近臣であった。好運にも信長の使者として備中《びっちゅう》高松の秀吉の許《もと》へ派遣されていたことから、本能寺の変後も終始秀吉に従軍して戦功をあらわす機会にめぐまれた。そして清洲会議にも出席を許され、近江佐和山二十万石と、三法師の補佐役的な地位を与えられたのであった。こうしたいきさつをみても、当時の秀政は秀吉サイドの人物であったことがわかる。その秀政に宛てて書かれているのであるから、この勝家の手紙は、秀政の背後にいる秀吉を意識して書かれたもので、いわば秀吉に対する抗議文であったといえる。

ところで、江戸中期以後に普及した『絵本太閤記《たいこうき》』などという大衆小説や、それをもとにした講談本などでは、勝家はいつも太閤秀吉の引き立て役にされている。それは主人公の秀吉を天才・偉人にしたてるために、信長の在世当時から何かにつけて秀吉と対立していた勝家のことを、つねに秀吉の知謀に翻弄《ほんろう》される知恵なし武士にしたのである。しかし勝家はけっして凡庸《ぼんよう》ではない。「瓶《かめ》割り柴田」とか「鬼柴田」などと呼ばれ、猛将として知られたのはもちろんのこと、織田家の宿老として信長の信頼も厚かったし、一向一揆《いっこういっき》から取り上げた武器を鋳つぶし、農具に作り変えて領内の百姓に与えたり、九頭竜《くずりゅう》川に鎖でつないだ船橋をかけて領民の便をはかった行政ぶりをみても、なかなかの政治家であった。

『翁草《おきなぐさ》』に「木綿《もめん》藤吉、米五郎左、かかれ柴田にのき佐久間」という小唄《こうた》の一節が載っている。これは信長家臣である羽柴藤吉郎秀吉、丹羽五郎左衛門長秀、柴田勝家、佐久間信盛ら四人の役割を評したものである。つまり、秀吉は木綿のように重宝《ちょうほう》な必需品、長秀は米のようになくてはならぬ人、柴田は「かかれ」すなわち戦場での突撃の強さ、そして佐久間は「のき」すなわち退却・殿軍《しんがり》がうってつけだというのである。

こうした世人の評価からしても、勝家は勇猛・剛直といった感が強い。よくいえば一徹者、悪くいえば融通のきかない男であったように思われる。この手紙をみても、勝家は清洲会議の誓約をみずから堅く順守し、諸侍らから知行加増の要望があってもこれを受けつけない。これに対して、誓約を無視して勝手な行動をとる秀吉に、一人で憤慨をしていた勝家の姿が想像される。

ところが一方の秀吉は、まさに野心満々で、しかも政治・外交戦略にすぐれ、日ましに権勢を高めていた。この手紙が書かれた約一週間後の十月十五日には、養子の秀勝（信長四男）を喪主にして大徳寺の葬儀というイベントを行うことになる。しかもこの時は柴田のような重臣をボイコットして挙行したのであった。

こうした秀吉の行動に対して、勝家は憎しみと脅威の念を深め、やがて信孝とともに、滝川一益・長宗我部《ちようそかべ》元親《もとちか》・佐々《さつさ》成政らと結んで、反秀吉の結束を固めていくのである。

前田利家

天文七年（一五三八）―慶長四年（一五九九）

賤ヶ岳合戦後の経過を報告

天正《てんしょう》十一年（一五八三）四月、羽柴秀吉と柴田勝家が雌雄を決した、世にいう賤ヶ岳《しずがたけ》の合戦は、信長亡きあとの権力の座を争った天下分け目の戦いであった。しかし、この合戦は、織田陣営内部の権力闘争であっただけに、これに参加した武将たちの胸中は複雑なものであったにちがいない。旧知の間柄同士が敵味方に分かれて戦うというだけでなく、その去就の選択いかんによっては、将来の明暗が、たちまちのうちにはねかえってくるのである。

ここに掲げる前田利家《としいえ》の手紙は、利家が柴田勝家の滅亡直後に、家臣の富田治部左衛門《とだ》尉景政に与えた書状である。賤ヶ岳合戦に際して、利家は、はじめ勝家に属して出陣したが、四月二十日の夜から翌二十一日の早朝にかけて行われた激戦で、柴田方の敗色が濃くなると、にわかに戦場から退却し、越前の府中城に引き上げた。その後、堀秀政の斡旋《あっせん》によって秀吉に降り、羽柴軍に加わると、勝家の本拠北の荘（福井）攻めには先鋒《せんぽう》となって進撃し、勝家の自刃後も加賀《かが》に侵入して柴田の部将徳山秀現《ひであき》の守る小松城を開城させ、城兵および妻子らを能美《のみ》郡の千代《せんだい》城に移し、さらに勝家の属城金沢城受け取りという難役をも買って出たのであった。

尚《なお》以て、爰許《ここもと》悉《ことごと》く落居の様体、類《たぐい》なきの儀ども、羽筑（羽柴筑前守）、我等一段入魂《じっこん》候間、御心安かるべく候。以上。

飛脚到来、委細承り候。雑説《ざっせつ》の様子、沙汰《さた》の限りに候。両国一篇に相すみ候事、是非なく候。去る廿五日、小松の城、我等請け取り、久太（堀久太郎秀政）へ相渡し申し候。人数足弱《あしよわ》已《い》下《か》着千代まで遣はし、彼の城に我々の者十人計《ばか》り付け置き、翌日廿六日、宮腰に至りて着陣候。金沢の城今日相果つべき様子にて候。扨々《さてさて》与五郎（富田景勝）儀、中々申すべき様もこれなく候。その方の心中察せしめ、一入《ひとしお》笑止に思ひ候。虎口《ここう》の儀に候間、是非なき事と、分別あるべく候。一段かい〴〵敷《しき》働きの由承り候条、尚以《なおもつ》て不便申し得ず候。将又《はたまた》右近（前田秀継）昨日廿六山中より出、府中迄《まで》越し候由、今日注進候。大慶満足此《こ》の事に候。折紙相認《したた》め候内に、金沢城相渡し候由、申し来たり候。恐々謹言。

卯月（天正十一年）廿七日　利家（花押）

富田治部左衛門尉殿（景政）

（富田家蔵）

文意は、景政からの飛脚の件、委細承知した。雑説が噂《うわさ》されているようだが、心配はない。越前《えちぜん》・加賀両国はひととおり治まるであろう。去る二十五日に小松城を受け取り、堀秀政へ渡した。城内の人数や女子供を千代城まで護送し、同城には前田の手の者十人ほどを置いて監視させている。翌二十六日には石川郡の宮腰に着陣し、金沢城の受け取りも今日中に完了するであろう。さてさて与五郎のことは申しようもござらぬ。御心中をお察しする。虎口《こぐち》(城の出入口)を脱する際のことゆえ、是非もないことと分別願いたい。一段と見事な働きぶりであったと聞いており、不憫《ふびん》このうえない。なおまた、右近も昨日二十六日山中から府中に帰城したことを本日知らせていただき、誠にうれしい。この折紙の書状を認《したた》めている間に、金沢開城の報告がなされた。なお、当方のこのたびの決着は類のないことであるが、羽柴秀吉と自分の関係は親密であるから、安心してほしい——というものである。

文中にみえる「与五郎」は景政の子の景勝であり、賤ヶ岳の戦場から脱出する際に、敵の追撃によって戦死している。また「右近」は利家の弟の秀継のことである。要するにこの手紙は、越前府中城の留守にあった景政から、加賀金沢に在陣していた利家のもとに、府中城下の状況や、秀継の無事帰還について報告がされたのに対して、利家が加賀における戦況の経過を述べるとともに、秀吉との関係や、自己の立場に心配のないことを報じ、合わせて景勝の戦死に弔意を示したものである。

個人よりも集団の利害が優先

賤ヶ岳の合戦は、利家にとって、その生涯の中で最も苦しい立場に立たされた戦いであった。利家と秀吉とは友人関係にあったが、また一方では、利家は勝家とも懇意であった。二人は天正三年（一五七五）以来、越前で封を分け、また天正九年の信長の北陸平定以後、勝家は越前、利家は能登《のと》と、境を接して領国を与えられ、ともに北陸のおさえとして協力し合ってきた。形式的にいえば、利家と勝家の関係は、勝家が北陸方面軍の総司令官で、利家はその与力《よりき》として配下に置かれていたが、両者は必ずしも主従の関係ではなかった。しかし、織田家の家老の地位にある先輩で、実直な人柄でもあった勝家に対して、利家は「親父《おやじ》」とまで呼んで頼りにしていた。

このように利家は秀吉・勝家の双方と親しかったから、どちらに味方をしても彼の心は苦しむ。そこで隣国のよしみからいちおうは勝家に従って出陣せざるを得なかったが、戦いが始まるとともに戦線を離脱して、局外中立の立場をとり、さらに勝敗が明らかとなった時点で秀吉側についたのであった。

この賤ヶ岳合戦で利家がとった態度に対して、日和見《ひよりみ》的と非難の声が高い。たしかに利家の行動はいかにも功利主義的といえる。賤ヶ岳における柴田方の総敗軍は、後方の固めとして布陣をしていた前田利家隊が、両軍激戦の最中に勝手に退去をしたため、いわゆる

「裏朋」すなわち後ろが崩れたというので戦意が喪失してしまったことが大きな引き金となった。しかもこの前田隊の退去、戦闘への不参加は、事前に秀吉と利家との間で約束がかわされていた、つまりは内通・裏切りの筋書きができ上がっていたと思われるふしがあるのである。しかし私はこの手紙の中にある「羽筑、我等一段入魂《じっこん》候間、御心安かるべく候」という文言に強くひかれる。利家の行動は、一人彼自身の将来のみならず、彼に従っている一族や多くの家臣の将来をも左右するのだ。つまり利家は、利家個人としての感情や意思とは別に、彼に従う数千の部下や、その家族の意思を考慮し、その生活を保障しうる道を選ばなければならないのである。そしてまた、このような難局を切り抜ける敏感さをもたない限り、戦国の世に生きることはできなかった。

利家は賤ケ岳合戦後、加賀国を加増され、その後ますます秀吉の信頼を深め、秀吉の晩年には五大老に列している。

織田信雄

永禄元年（一五五八）―寛永七年（一六三〇）

羽柴秀吉打倒の協力を求める

天正《てんしょう》十二年（一五八四）、織田信雄《のぶかつ》は徳川家康と結んで羽柴秀吉に敵対し、両軍は尾張《おわり》の小牧・長久手《ながくて》一帯を主戦場とし、三月から十一月まで、ほぼ八か月にわたって対峙《たいじ》した。

この合戦は、信長死後の織田陣営の主導権をめぐる勢力争いである。すなわち、信長・信忠父子が横死をとげた本能寺の変後、信長の嫡孫にあたる幼少の三法師を立てた秀吉が政治の実権を握り、これを抑止しようとした柴田勝家を賤ケ岳《しずがたけ》の戦いに滅ぼし、さらに勝家を支持した信長の三男信孝をも自殺へおいやった。こうした秀吉の専横ぶりに脅威を感じた家康が、信長の次男である信雄と語らい、秀吉打倒をはかって軍事行動に出たのであった。

両軍の戦端は三月九日に開かれるが、その二日前、信雄は四国の長宗我部元親《ちょうそかべもとちか》の弟である香宗我部親泰《こうそかべちかやす》に宛てて、次のような手紙を書き送った。

未《いま》だ申し通《かよ》はさず候といへども、一書を相染め候。仍《よ》つて、羽柴天下の儀、恣《ほしいまま》の働き是非に及ばず候。然《しか》る上は、家中の羽柴に対し心を合はせ候者共両三人、今月六日成敗せしめ候。これに依《よ》って諸方存分に属し候条、不日上洛《じょうらく》すべく覚悟に候。其《そ》の意を得られ馳走《ちそう》に於《お》いては、祝着《しゅうちゃく》たるべく候。委細左兵衛(織田信純)申し越すべく候の間、再毫《さいごう》あたはず候。恐々謹言。

(天正十二年)三月七日　　信雄（花押）

香宗我部安芸守(親泰)殿

これを進覧す

（香宗我部家伝証文）

文意は、まだ音信を通じたことはないが、一書を呈します。羽柴秀吉が天下のことを思いのままにしているが、詮方《せんかた》ない。そうあるからには、家中の羽柴に同心した者三人、今月六日に成敗いたした。これにより諸事が思いどおりに運ぶであろうから、そのうちに上洛しようと覚悟を定めている。このわが気持ちを理解の上、奔走してくれるなら喜ばしく思う。詳しいことは近臣の織田左兵衛信純《のぶずみ》が申すであろうから再筆はしない――というのである。

信雄と秀吉との確執が表面化したのは、天正十二年の正月のことであった。この頃、信雄は三井寺《みいでら》で秀吉と会見したが、その直後、随行した信雄の三家老といわれた津川玄蕃《げんば》・

岡田長門守《ながとのかみ》・浅井田宮丸の三人が秀吉に買収されているという噂《うわさ》が流れた。このことを耳にした信雄は、その善後策を家康に相談の上、三人を伊勢《いせ》長島城に登城させて誘殺した。文中にある「成敗」した「両三人」というのは、この信雄の三家老のことである。

信雄と家康は、協力して秀吉と対決することになった。そこで信雄は戦闘にあたってまず、秀吉に対して反感を抱いている諸将に対して密書を送り、決起をうながした。この手紙も、四国の長宗我部に助力を求めた一通である。なお、文中にみえる織田信純の添状も現存しており、——家康が関東を固め、今日明日中にも信雄の援助に駆けつけるであろうし、北国の越前《えちぜん》・越中《えっちゅう》・能登《のと》の国々も、信雄の意のままに従っているから、長宗我部元親は淡路《あわじ》に出兵し、秀吉の背後を衝《つ》いてほしい。またこの旨をその方から安芸《あき》の毛利輝元にも伝えてもらいたい——と述べている。

世間知らずなお坊ちゃん育ち

これらの文面を読んでみる限りでは、信雄は、いかにも英雄信長の血を引いている剛気者、といいたいところだが、じつはこの小牧・長久手の合戦は、抜け目のない家康が、信雄をあやつって仕掛けたものであった。元来、実力からみても、人望からいっても、信長の次に天下の政権を握るのは信長の盟友家康であった。それは、自他ともに許されることのように思えていたにちがいない。それなのに、家康は明智討ちのチャンスをのがしたばかりに、秀吉に先鞭《せんべん》をつけられた。家康はひそかに秀吉と雌雄を決する機会をねらっていたのだ。信雄の三家老が秀吉に買収されたという噂《うわさ》を流したのも、あるいは家康の謀略によるものであったのかもしれない。

信雄は天才政治家信長の子にしては、あまりにも凡庸な男であった。権勢欲は強いが、肝心の政治手腕は無能で、周囲の者に利用されやすいタイプであったのだろう。信長の死後、弟の信孝が柴田勝家や滝川一益らに支持されていることに嫉妬《しっと》を感じ、これを見抜いた秀吉にそそのかされ、賤ヶ岳合戦の直後、信雄はこともあろうに弟信孝殺しに一役買わされている。そしてまたこの小牧・長久手では、秀吉と戦うための看板として家康に利用されたのである。

小牧・長久手の戦いは、秀吉と家康との名人戦とさえ評される戦争である。四月九日に行われた長久手の激戦を除けば、これといった戦闘はみられない。しかし、その裏では、秀吉と家康とによって、火花を散らす謀略・外交戦が展開されていたのであった。そして結局は政治工作に一歩ぬきん出ていた秀吉が、家康を封じて勝利を収めたのである。秀吉は信雄と家康との分裂を画策し、信雄をまるめ込んで、十一月十五日に単独講和を結ぶことに成功したのだ。戦いの名分を失った家康は矛《ほこ》を収めるよりほかはなくなったわけである。ここでも信雄は、家康と秀吉との二人に、いいように利用されてしまったのである。

秀吉との講和により、信雄は尾張・伊勢の所領を確保し、その後も親の七光りによって正二位大納言にまで昇進した。しかし、小田原陣後の論功行賞で、秀吉から命じられた転《てん》封《ぽう》（国替）を拒んだことから失脚してしまう。秀吉は七月十三日（天正十八年）付けで、信雄と徳川家康の両人に、同時に転封命令を下した。それは、家康が領していた駿《する》河《が》・遠《とお》江《とうみ》・三《み》河《かわ》・甲《か》斐《い》・信濃《しなの》の五か国を返上させ、代わりに伊豆・相模《さがみ》・上総《かずさ》・下総《しもうさ》・上野《こうずけ》・下《しも》野《つけ》の一部およそ二百四十万石におよぶ後北条氏の旧領を与え、信雄には、空白地となった家康の旧領五か国への移封を命じるというものであった。

ところが信雄は、長年住み慣れた尾張・伊勢の地を離れることを嫌って難色を示した。そのため秀吉の怒りを受け、所領は没収となって下野烏山《からすやま》に左遷され、その身は佐竹義宣に預けられるという羽目に陥った。一方の家康は、一言の不服も漏らすことなく了承し、その後、奥州平定に向かう秀吉の先発となって江戸に入り、その奥州進発を見送り、さらに宇都宮《うつのみや》の秀吉の宿営に出仕したのち、新領土経営に取り組んだのである。

家康とても、内心では転封への不満を抱いていたであろう。しかし関白秀吉の命令に異論をとなえることが不可能であることを自覚していた。情理をわきまえ、機をみるに敏な苦労人家康と、お坊ちゃん育ちで世間知らずな信雄との大きな違いであったといえよう。

こののち、入道して常真《じょうしん》と号した信雄は、のち家康の斡旋《あっせん》により秀吉に近侍するが、秀吉の死後は家康に心を寄せて捨て扶持を与えられ、寛永《かんえい》七年（一六三〇）四月、七十三歳で没している。

森　長可

永禄元年（一五五八）―天正十二年（一五八四）

出陣の遺書

矢玉飛びから、血みどろの戦場に向かう戦国武将の胸中はどんなであったのだろう。戦争とは無縁な現代の人々にとって、千軍万馬の間を往来した乱世の武将など、まるで別世界の人間に感ずるであろう。しかし、戦国武将といえども鬼神ではない。妻や子、一族の安穏を祈り、平和を願う気持ちは、今日の我々と少しも違ってはいなかった。

森武蔵守長可《ながよし》の遺言状が残っている。森長可という名は、一般には知名度が低いが、織田信長の小姓として有名な森蘭丸《らんまる》の兄、といえばわかりやすいであろう。

長可は、森可成《よしなり》の次男で、美濃《みの》兼山城を本拠として信長に仕え、歴戦の功を挙げて鬼武蔵の異名をとっていたほどの武将であった。信長の死後秀吉に招かれて家臣となったが、天正《てんしょう》十二年（一五八四）、秀吉と家康が尾張《おわり》の小牧山を中心に雌雄を争った時、秀吉軍の先鋒《せんぽう》として出陣し、四月九日の長久手《ながくて》の激戦において二十七歳の若さで壮烈な討死をとげたのである。

出陣にあたって長可は次のような自筆の遺言状を、秀吉の近臣の尾藤甚右衛門《びとうじんえもん》（知宣《とものぶ》）

に宛てて書いていた。日付の三月二十六日は、長可戦死の十三日前のことである。

覚

一、沢姫の壺《つぼ》、秀吉様へ進上、但《ただし》いまは宇治にあり。
一、台天目《だいてんもく》、秀吉様へ進上、仏陀《ぶつだ》にあり。
一、もし討死候はゞ、この分に候。母に候人は、堪忍《かんにん》分秀吉様へ御もらひ、京に御いり候べく候。千《せん》は今のごとく御そばに奉公の事。
一、我々跡目、くれぐ\いやにて候。この城は要《かなめ》にて候間、たしかなるものを秀吉様よりおかせられ候へと御申しの事。
一、おんな共は、急ぎ大垣へ御越し候べく候。
一、悪《あ》しき茶湯道具・刀・脇差《わきざし》、千に御とらせ候べく候。いずれもく\仏陀のごとく御とゞけ候べく候。仏陀のほかは、みな千にとらせ申し候。但、成り次第この由《よし》御申し候べく候。

天正十二年三月廿六日朝　　武蔵
尾藤甚右衛門様（知宣）
申し給へ

又申し候。京の本阿弥《ほんあみ》ところに、秘蔵の脇差二つ御入り候。千にとらせ申し候。尾甚に御申し候べく候。おこう事、京の町人に御とらせ候べく候。薬師《くすし》のやうなる人に御しつけ候べく候。母に候人は、かまいて〳〵京に御入り候べく候。千こゝもと後継《あとつぎ》候事いやにて候。十万に一つ、百万に一つ、総負けになり候はゞ、みな〳〵火をかけ候て御死に候べく候。おひさにも申し候。以上。

（下村家所蔵文書）

大意は、宇治にある名物の沢姫の茶壺《ちゃつぼ》と、山城の仏陀寺にある台天目茶碗《ちゃわん》、いずれも長可愛蔵の茶器だが、これを秀吉様に進上する。もしも自分が討死したならば、母親は秀吉様から生活費をいただいて京都に住んでくれ。末弟の千丸忠政は今のまま秀吉様に奉公せよ。自分の後継者をたてることはくれぐれもいやである。しかしこの兼山の城は要地であるから、しっかりした人物を秀吉様から置いてもらえ。妻は生家である大垣の池田家に里帰りさせよ。粗末な茶道具や刀や脇差《わきざし》、仏陀寺にある物の他はみな千丸に与える。ついで、京都の本阿弥家に預けてある秘蔵の脇差二つも千丸にやる。娘のおこうは京都の町人か医者に嫁がせよ。母は必ず必ず京都にいていただきたい。千丸にこの兼山城を継がせるのはいやだ。けれども万が一総負けになったなら、皆々火をかけて死んでほしい——というのである。

宛名の尾藤甚右衛門知宣《とものぶ》は、秀吉の藤吉郎時代からの家人で、当時の秀吉の有力家臣であった。長可は出陣に際してこの遺書を甚右衛門に預け、万が一の場合の遺領の分配や、遺族に関する後事を託したのである。

家族を憂える悲痛な叫び

文中にみえる「おんな共」すなわち長可の妻は、池田恒興の娘である。恒興は、柴田勝家、丹羽《にわ》長秀、羽柴秀吉とともに織田家宿老四人のうちに数えられ、美濃大垣、岐阜城および摂津《せっつ》二郡を領する大名であった。彼女との間に生まれた「おこう」は、森家の系図にみえないが、おそらくはいまだ年端《としは》もいかない少女であったと思われる。その妻を里帰りさせよ、娘を武士に嫁がせるな、そして弟をも城主にしたくないというのは、武士ゆえに生涯を苦しい戦いの中に過ごしてきた長可の悲壮な訴えであったのだろう。「武士道とは死ぬこととみつけたり」などといきがっていた江戸時代の武士道観からすれば、この長可の遺言など、女々しい弱音に思われよう。だが、常に生死の境に身を置いていた乱世の武将は、泰平の世の侍のように強がりはいわない。

戦国の世は酷《むご》い。長可にはこの文中にみえる千丸のほかに、兄の可隆《よしたか》と、蘭丸・坊丸・力丸という三人の弟がいた。しかし兄可隆は元亀《げんき》元年（一五七〇）の姉川合戦の前哨戦《ぜんしょうせん》で父可成ともども戦死をとげ、蘭丸ら三人の弟たちは、いずれも信長の近習にあったため、二年前、天正十年（一五八二）の本能寺の変で枕《まくら》を並べて討死していたのである。

父を失い、四人の兄弟たちにも先立たれた長可の悲しみと、武士の身ゆえの苦衷《くちゅう》を念頭に置かなければこの遺言状を理解することはできないであろう。

しかし長可はけっして軟弱な武将ではない。いくたびも白刃の修羅場《しゅらば》を切り抜けてきた歴戦の勇将である。戦場における長可の姿はいつも雄々しかった。長久手の合戦における戦死の時も、単騎奮戦の末の壮絶な最期《さいご》であった。

長可の死後、この遺言状の内容は、尾藤甚右衛門によって秀吉や長可の家族に伝えられ、その遺志に従って事が運ばれたものと思われる。ただし、末弟の千丸は、長可の遺領を相続し、兼山城主となっている。森家の存続のためにはやむを得ないことであったのだろう。

長可が秀吉に進上した沢姫の茶壺《ちゃつぼ》は、足利《あしかが》義政の同朋能阿弥《のうあみ》銘の極《きわ》めをもつ東山御物《ひがしやまごもつ》の大茶壺である。また台天目は台のついた天目茶碗《ちゃわん》で、文禄《ぶんろく》二年（一五九三）六月に、秀吉が明国使節饗応《きょうおう》のために催した茶会の道具目録にも、その名がみえている。

戦場の勇者も、平時では乱世を厭《いと》い、一家一族の幸福を願い、神仏に心の救いを訴える一人の平凡な人間の姿なのである。人間とは常にこの相反するかのような性格を同時にもっているものだ。平和を願い、戦いを嫌悪する人も、家のため、主君のため、組織のため、国のため、その闘いの意義を見いだし、はっきりと自己の立場を自覚した時、荒々しき性《さが》をむき出しにする。武器をかざして突進し、残虐な人殺しさえ平気でやってのける。いつの世も戦争は悲惨である。

丹羽長秀

天文四年（一五三五）―天正十三年（一五八五）

天正《てんしょう》十三年（一五八五）四月、投薬の甲斐《かい》もなく衰弱した己《おのれ》の体に、死期の近いことを悟った丹羽《にわ》長秀《ながひで》は羽柴秀吉に宛て、次のような手紙を書いていた。

秀吉への遺言状

煩《わずらい》の儀ニついて、度々《たびたび》仰せ下さるるの趣《おもむき》、承り届き候。先書に申し上げ候ごとく、煩終《つい》に験《げん》これなきにつきて、罷上《まかりのぼ》り候事、遠慮いたし候。殊に五三日《ごさんにち》以前は、此《こ》の頃罷上るべしと申し上げ候へ共、二三日いよいよおもり、枕《まくら》もいさゝかあがらず候条、猶《なお》五三日見合はせ、路次にて相果て候とも罷上るべきと存じ候。誠に日来《にちらい》は、自余《じよ》に相替り御目にかけられ、いか程の国をも仰せ付けられ候ところ、御用にも立ち候はで口惜《くちお》しく候へ共、それもはや是非に及ばず候。跡目《あとめ》の儀は、せがれ（倅）共、ならびに家中の者共などをも御覧じ合はされ、其《そ》れに随《したが》って仰せ付けられ候て下さるべく候。此の式いかゞに候へ共、あらみ（新見）藤四郎の脇指《わきざし》、大かう（剛）の刀、市絵、進上仕つり候。我等と思召《おぼしめし》候様こと存じ候。委細、成田弥左衛門、長束《なつか》藤兵衛申し上げるべく候。恐惶《きょうこう》。

惟住《これずみ》越前守長秀

（天正十三年）
卯月十四日

秀吉様

参る人々御中

（丹羽家譜伝）

文意は、自分の病気のことに関して、いろいろと御心配下さっていることを承わりました。先便にも申し上げたように、この病気はついに療養のききめもないので、京都に罷《まか》り上ることは遠慮いたしました。五三日以前には今頃罷り上ると申し上げましたが、この二三日はいよいよ病状が重くなり、枕《まくら》も上がらない有様なので、なお五三日様子をみ、たとえ上京の途中に道端で相果てようとも罷り上りたいと存じております。まことに日頃からとくに御目をかけていただき、どのような大国をも領知すべきほどの恩顧をいただいておりますのに、何らの御用にも立てないことは何より残念なことではありますが、それも致し方ないことです。後継のことは、倅《せがれ》や家中の者共を御覧なされ、その器量に従ってお指図下さい。このようなものは如何《いかが》かとも思いますが、新見藤四郎の脇差と大剛の刀と市絵とを進上いたしたい。自分と思って愛翫《あいがん》して下さいますように。詳しいことは成田弥左衛門と長束藤兵衛が申し上げる——というものである。

この手紙は、じつは、長秀の秀吉に対する訣別《けつべつ》の遺書であった。長秀はこれを書いた二日後の十六日、みずから腹を切って五十一歳の生涯を終えたのであった。

戦国武将の尊厳死

丹羽家の家譜によれば、長秀の病気は、当時奇病といわれていた結石《けっせき》であったらしい。長秀は、もはや治癒《ちゆ》の見込みのないことを悟ると、みずから腹を割き、鳥の嘴《くちばし》のような形をした病根をくじり出した。そして、こいつがおれを苦しめたのか――といって、砕いて死んだという。その事実は明らかではないが、奈良興福寺多聞院《たもんいん》の日記にも、越前《えちぜん》から帰ってきた男の話として、余命いくばくもないことを悟った長秀が、病死は無念、といって腹を切ったという風聞を記し、「比類《ひるい》なき働きなり」と記しているから、おそらく長秀の死にざまは劇的なものであったにちがいない。

長秀の病気は、かなり前からのものであったらしい。それは『川角太閤記《かわずみたいこうき》』の中に、「申《さる》の年」すなわち天正十二年（一五八四）のこととして、長秀が病の身をおして、一万余の兵を率いて上京し、秀吉の大坂城をも訪問したが、その際、秀吉がみずから枚方《ひらかた》付近まで出迎えに赴いた記事が記されていることからも想像される。

長秀と秀吉とは、単なる主従という関係を超えた、親友に近い間柄であったようである。長秀は、本来からすれば秀吉の先輩であり、上司でもあった。長秀は十五歳の年から織田信長に近侍し、歴戦の功を挙げて出世し、また信長の信頼も厚く、天正四年には格別のはからいをもって惟住《これずみ》の称号を与えられ、織田家の重臣に列していた人物である。

秀吉もまだ信長の軽輩であった頃は、長秀を尊敬し、羽柴の姓も、丹羽長秀と柴田勝家と尊敬する二人の先輩の名にちなんで名乗ったという説さえあるほどだ。しかし、山崎の合戦後は、長秀は秀吉のよき協力者となった。本能寺の変が起きた時、長秀は織田信孝とともに大坂城で四国長宗我部《ちょうそかべ》攻めのための渡海準備をしていた。そこに備中《びっちゅう》高松から引き返してきた秀吉の出兵要請が届いたため、これに合流して明智軍と戦ったのであった。そして清洲会議では終始秀吉のイエスマン役をつとめ、賤ヶ《しずが》岳《たけ》合戦においても、かつての同僚柴田勝家と袂《たもと》を分かって秀吉を支持し、小牧の役でも家康と戦って、秀吉に対する最大限の助力を惜しまなかった。秀吉もそうした長秀の献身的な功績に感謝し、天正十二年、越前、若狭《わかさ》両国および加賀《かが》半国を与え、越前守に任じている。長秀の助力に感激した秀吉が、長秀に対して、自分が天下の実権を握ることができたのは、ひとえに長秀のおかげである。このうえは天下を長秀と秀吉とで替わり持ちに仕《つかまつ》ろう——と語ったという逸話さえ伝えられている。ここにも、そうした長秀と秀吉との親近な間柄がうかがわれる。

前年の大坂城での語らいが、長秀と秀吉との今生《こんじょう》の別れとなった。それからのち、長秀は越前北の荘（福井）の城で、療養の日々を送っていたが、いま一度秀吉に会いたいと思ったのであろう。秀吉に上洛《じょうらく》の意志を伝え、出立の日取りまで書き送った。しかし思いのほか病状が悪化し、断念せざるを得なくなった。そこで長秀は死を決心し、秀吉に対して、これまでの恩遇に深謝するとともに、わが亡きあとの丹羽家について依頼し、形見として秘蔵の宝物を贈ったのである。

それにしても、もはや病気の回復の見込みのないことを悟ったからといって、みずからその生命を縮めるなど、なんとも野蛮な話である。しかし、これも死にざまを大切に考えていた戦国武将の気風なのであろうか。

長宗我部元親

天文八年（一五三九）―慶長四年（一五九九）

秀吉へのとりなしを謝す

天下統一の歩を次々に進める秀吉は、根来《ねごろ》・雑賀《さいが》の一揆を討ったのち、四国経略に乗り出す。

天正《てんしょう》十三年（一五八五）六月、四国の覇者長宗我部元親《ちょうそかべもとちか》は、秀吉軍の討伐を受けた。寄せ手は羽柴秀長、同信吉（のちに秀次と改名）の率いる六万の本隊に、宇喜多秀家、蜂須賀正勝、黒田孝高《よしたか》、仙石秀久、筒井定次、堀秀政、それに毛利輝元らの精鋭を加えて総勢十万を超える大軍であった。攻防約ひと月、元親の指揮する四国勢も勇猛に戦ったが、元親の弟、香宗我部親泰《こうそかべちかやす》の守る土佐《とさ》海部《かいふ》城、重臣金子元宅《もといえ》の伊予《いよ》高尾城、東条関兵衛の阿波《あわ》木津城をはじめとする城が攻め落とされると、防衛線は総崩れとなり、降伏を余儀なくされた。七月のはじめのことであった。

もとより滅亡を覚悟の上の降伏であった。だが秀吉は元親の生命を助け、土佐一国の領有を許し、阿波・讃岐《さぬき》・伊予三国を没収した。

それから約二か月ほど経た閏《うるう》八月五日、元親は秀吉の近臣蜂須賀彦右衛門尉正勝に宛てて、次のような返書を送っている。

御状、祝着《しゅうちゃく》せしめ候。進退の儀、今度殿下《でんか》様御寛宥《かんゆう》の儀、あわせて貴所の御とりあわせ故と存じ候。仍《よ》って、証人を進めおく上は、もちろん無二の覚悟に候。向後《きょうご》なおもって御指南《ごしなん》を仰ぐところに候。就中《なかんずく》、孫七郎(羽柴信吉)殿御使いにあずかり、御懇慮の次第、尤《もっと》も過分に存じ候。ついで、御自分として、御太刀一腰、馬一疋《ぴき》贈り給はり候。怡悦《いえつ》の至りに候。委曲《いきょく》、白江《しらえ》殿申し述べ候。恐々謹言。

(天正十三年)閏八月五日　元親（花押）

蜂須賀彦右衛門尉(正勝)殿

御返報

（蜂須賀文書）

文意は、お手紙をいただき、まことに喜ばしく存じます。わたくしの進退の処置について、今度、関白秀吉公からご寛容のおぼしめしにあずかりましたこと、これひとえにあなた様がおとりなし下されたお蔭《かげ》と思っております。そこで証人（人質）を遣わした以上は、秀吉公に対して二心は抱かぬ覚悟でおります。今後ともよろしく御指導を仰ぎたく存じます。とりわけ、秀吉公の甥《おい》、羽柴孫七郎信吉殿からお使者にあずかり、お懇《ねんご》ろにご配慮をいただきましたこと、身にあまる幸せと恐縮いたしております。ついでに、あなた様御自身から御太刀一腰と馬一頭をお贈り下されたこと、まことに喜ばしい次第です。詳しくは羽柴信吉殿からの御使者の白江定成殿が申し述べられるでしょう——というものである。

文中の「証人」とは人質のことで、元親は降伏に際して、元親の三男である津野孫次郎親忠《ちかただ》ならびに老臣の阿波一宮城主江村孫左衛門、讃岐植田城主長宗我部右兵衛尉《うひょうえのじょう》ら三人を豊臣方に提出していたのであった。

蜂須賀正勝は、長宗我部氏降伏の際、秀吉と元親との間の連絡役として奔走したのであろう。その正勝から書状に太刀一腰と馬一頭を添えて贈られたことが、元親には余程嬉《うれ》しかったらしい。元親の正勝に対する感謝の気持ちが、文面にあふれている。

義理堅い「いごっそう」

元親は天文《てんぶん》八年（一五三九）土佐国長岡郡の土豪長宗我部国親の子として岡豊《おこう》城に生まれた。幼名を弥三郎といい、のち、宮内少輔《くないのしょう》と称した。永禄《えいろく》三年（一五六〇）六月、父国親の死と同時に家督となり、父の遺命に従って近隣諸豪の平定に着手し、永禄十一年、長岡郡の有力豪族本山氏を滅ぼし、翌年には東部土佐の名族安芸《あき》氏を倒し、天正二年（一五七四）には土佐国司の一条兼定《かねさだ》を追放して土佐一国を手中に収めた。ついで天正六年から阿波・讃岐・伊予の攻略に乗り出し、同九年頃には四国の大半を制圧している。ところがこの頃から近畿地方を平定した織田信長の圧迫を受けたので、元親は信長に書を送り、長子を信長の烏帽子子《えぼしご》とするよう申し出て和親を乞《こ》うたが信長は許さず、かえって四国経略の志を固くして、三好康長を阿波に入れ、さらに三男の織田信孝を四国に渡らせようとした。しかし、間もなく信長が本能寺の変で横死したので、この機に乗じて元親は兵を阿波・東讃岐に進めた。その後、元親は織田信孝・柴田勝家に加担し、ついで織田信雄《のぶかつ》・徳川家康と通じて秀吉に敵対したため、天正十三年、秀吉の四国征伐を受けたのであった。

元親は生まれつき色白で、柔和な体軀《たいく》をしていたらしく、若い頃は姫若子《ひめわこ》とあだ名をつけられたほどである。だが、そうした外見の風貌《ふうぼう》に似ず、性格はきわめて剛毅《ごうき》であり、まさに土佐でいう「いごっそう」な男であった。元親は敗北を覚悟の上で、三度までも秀吉に抵抗している。すなわち、一度目は賤ケ岳《しずがたけ》の戦いで柴田勝家に味方し、二度目は織田信雄・徳川家康を支援して小牧の戦いに参加し、紀州の根来《ねごろ》・雑賀《さいが》の僧徒らと結んで秀吉の大坂城を襲撃しようと企てた。そして三度目に、四国に攻め寄せてきた秀吉軍を迎え討って敗れたのであった。

元親がこうして秀吉に対して執拗《しつよう》に抵抗したのは、かつて明智光秀を介して信長に阿波の安堵《あんど》を認めてもらおうとしたのを、秀吉が甥《おい》の羽柴信吉が養子となっていた阿波の三好氏に肩入れして、元親の野心を妨害したかららしい。

しかし戦後、無条件降伏をした元親に対して土佐一国安堵、提出した三人の人質も返却という寛大な秀吉の処遇に接すると、この手紙からもうかがわれるように、義理堅い元親はこれに感激し、以後は秀吉への忠誠を心に定めて尽くしている。こののち、九州征伐、文禄の役などにも参加して功を認められ、文禄《ぶんろく》元年（一五九二）従四位下《じゅしいげ》、侍従に叙任され、ついで土佐守に任官した。慶長《けいちょう》二年（一五九七）の朝鮮再征にも渡海して手柄を立てたが、帰国後病を得、同四年の五月十九日伏見で没している。享年六十一。

元親の死後、跡を継いだ子盛親《もりちか》は、関ヶ原の戦いで西軍にくみしたため、家康に所領を没収されて浪人し、さらに大坂の陣でも大坂城に入って家康に抵抗して斬《き》られた。彼の一徹ぶりも、周囲の形勢によって変節することを嫌った父元親の影響によるものであろうか。

島津義久

天文二年（一五三三）―慶長十六年（一六一一）

秀吉が関白とは滑稽千万

天正《てんしょう》十三年（一五八五）頃の日本といえば、この年の七月には秀吉が関白に任官し、畿《き》内《ない》における豊臣政権の地位は磐石《ばんじゃく》の観を呈していた。しかし秀吉の威令も、実際には京坂から遠く隔てた九州の地にまでは、まだ行き渡っていなかった。

同年の十月二日、秀吉は正親町《おおぎまち》天皇の勅命を奉じて、当時九州で抗争を続けていた大友義統《よしむね》と島津義久に対して和睦《わぼく》勧告の文書を下した。その主旨は、関東は残らず奥州の果てまで勅命のままに静謐《せいひつ》になったが、九州だけがいまなお戦いを停止していないのはよろしくない。国郡境目の争論については互いの意見を聞き届けた上で追って沙汰《さた》する。ひとまず戦いをやめよ。もしこの旨に背くならば容赦なく成敗する――という高飛車なものであった。

しかし反応は意外であった。この関白秀吉の命令に対して、薩摩《さつま》・大隅《おおすみ》を地盤として九州に勢力を誇っていた島津義久は、翌天正十四年正月十一日付けで、秀吉の対島津外交の任にあたっていた細川幽斎《ゆうさい》に宛て、次のような返答の手紙を書き送っていた。

この御返書、関白殿へにて候へば、勿論《もちろん》その通りに相応の御請けをなすべく候。さりながら羽柴事は、寔《まこと》に由来なき仁《じん》と世上沙汰《さた》候。当家の事は、頼朝已来《いらい》愁変《しゅうへん》なき御家の事に候。然《しか》るに羽柴へ、関白殿 曖《あつかい》の返書は笑止《しょうし》の由どもに候。また、右の如《ごと》きの故なき仁に関白を御免の事、ただ綸言《りんげん》の軽きにてこそ候へ。何様《いかさま》に敬はれ候ても苦しかるまじきよし、申す人も候。然《しか》らば取り〳〵也。所詮《しょせん》細川兵部入道殿へ付状《つけじょう》したためられ候はば然るべきの由、出合ひ候て其《そ》の如《ごと》く候。御報の案、抑《そもそも》天下一統、静謐《せいひつ》せしむるにより、関白殿より九州の矛盾《むじゅん》停止すべきの段、殊更綸言《ことさらりんげん》相加へ候か。即《すなわ》ち勅命に属し候。随而《したがって》、先年信長公才覚を以《もっ》て、大御所様(近衛前久)仰せ刷《つくろ》はれ、豊薩《ほうさつ》和平の姿に罷《まか》り成り候。已来《いらい》聊《いささか》も隔心《きゃくしん》なきのところ、豊よりは、たびたび愁変これあるといへども、右、一諾《いちだく》の筋を守り、今に干戈《かんか》の催しなく候。然る処、頃《このごろ》、向・肥の国境に至り、数ヵ所破撤《はかく》致せられ候。かくの如くいよいよ執懸《とりかけ》らるるにおいては、今より以後の儀など測り難く候。畢竟《ひっきょう》、相応の防戦に及ぶべく候や。少しも当邦《とうほう》の改易たるべからず候。この旨を以て御用捨《ごようしゃ》なされ、宜《よろ》しく御披露《ごひろう》に預かるべく候。恐々謹言。

義久　御判

(天正十四年)正月十一日

細川兵部(幽斎)入道殿

(上井覚兼日記)

この手紙は、島津義久の家老上井《うわい》覚兼《かくけん》の日記に、案《あん》すなわち控えとして残されているものである。

文意は、この御返書は関白殿に差し上げるものであるから、もちろんそのとおりによろしくお受け取り下さい。しかしながら羽柴のことは、じつに由緒もない出自の人物であると世間では噂《うわさ》しています。当島津家は、頼朝以来愁変のない（違約することのない）家柄です。それなのに羽柴へ、関白殿下扱いの返書を出すのは笑止の限りである。またこのような由緒もない人物に関白職を免許されたことは、ひとえに天皇のお言葉が軽々しいからでござる。しかし彼のことをどのように尊敬しようとかまわないという者もいる。だから人はさまざまなものです。結局は細川幽斎殿へ添え状を差し上げればよかろうと、島津家中の者が談合したところ、そういう意見がまとまった。御書状の案文によれば、天下が平穏になったので、関白殿より九州も戦争を停止するよう、ことさらに天皇のお言葉を表に出して勅命の形式をとられてきた。よって先年、信長公の才覚で前《さきの》関白近衛《このえ》前久《さきひさ》様がとりはからわれ、豊後《ぶんご》の大友と薩摩の島津との和平が成立した。それ以来、少しも隔意を抱いておりませぬ。豊後の方はたびたび約束を破ることがあったが、島津家としては一筋に道理を守り、今まで戦いを交えることはなかった。ところが近頃、大友勢は日向《ひゅうが》と肥後《ひご》の国境に侵入し、わが方の砦《とりで》を数か所破壊した。このように戦《いくさ》をしかけてくるからには今後のことは推測しかねる。結局は相応の防戦におよぶほかはないでしょう。これによって当家が罰を受ける理由は少しもありますまい。こんなわけですからご容赦下さるように、関白殿へお披露願います――というものである。

名門の誇り

要するに義久は、大友・島津の抗争の原因は、ひとえに大友の違約行為にあり、島津の軍事行動は防衛手段であると、自己の立場の正当性を強調しているのである。しかし、ここで義久が、この手紙が秀吉の手に渡ることを承知の上で、秀吉のことを由緒もない出自といい、関白殿下扱いするのは笑止（笑うべきこと）、などといっているのは面白い。このような義久を、視野に欠けた時代遅れときめつけるわけにもいくまい。義久がこの手紙の中で、当島津家は「頼朝已来愁変なき御家」といっているが、『島津氏系図』によれば、初代忠久は源頼朝の庶子で、惟宗《これむね》広言の養子となったという。もっとも最近の研究では、近衛家の家来筋で、南九州に勢力を有していた惟宗氏の出身で、頼朝の殊遇を受けたとする説が有力であるが、とまれ鎌倉時代以来薩摩に土着して発展してきた名家の生まれである。そして三十四歳で島津家十七代の主となり、大友・龍造寺氏らと三《み》つ巴《どもえ》の戦いをくりひろげながら九州に雄飛をしてきた義久であった。彼が信長死後、数年で中央の実権を握った成り上がりの秀吉を、容易に理解できなかったのも、無理ないことであったのかもしれない。

義久は秀吉の和睦《わぼく》勧告を無視して、天正十四年（一五八六）七月、日向・豊後に進撃して大友方の諸城を攻め落とし、十二月には秀吉の命を受けて大友に加勢した長宗我部信親《ちょうそかべのぶちか》と仙石秀久の援軍を戸次《へつぎ》川に撃破した。しかし翌十五年、秀吉みずから率いる二十二万の遠征軍の攻撃を受け、二か月余りにわたる攻防戦の末、島津軍の敗色は明らかとなった。五月八日、義久は剃髪して龍伯《りゅうはく》と号し、秀吉の軍門に降った。

もとより死は覚悟の上の降伏であったが、秀吉は島津一族の生命を助け、改めて義久に薩摩・大隅と、日向の一部の領有を認めている。薩摩隼人《はやと》の勇猛ぶりもさることながら、出自の劣る秀吉にとっては、名門島津の家柄が犯しがたく思われたのであろうか。このの ち秀吉はますます皇室に親近していった。

北条氏政

天文七年（一五三八）—天正十八年（一五九〇）

豊臣政権へのとりなしを依頼

戦国時代の戦争はまるで賭博《とばく》のようだ。一戦の勝利によって、にわかに数倍を超える領土と財産を手にする者もあれば、一方には不運にも一瞬にして無一物となり、家を滅ぼす者もある。現代における企業の生存競争にたとえていうと、勝てば飛躍的な発展をとげるが、負ければ倒産となり、経営者のみならず、多数の従業員をも失業させて、その家族までもが路頭に迷うといった状況を生ずるようなものである。だから戦国のトップ経営者といえる大名は、日頃から強大な武力の保持に心がけるだけでなく、あらゆる状況に的確に対処しうる洞察力と、決断力をも必要とされたのである。

天正《てんしょう》十八年（一五九〇）、秀吉に滅ぼされた小田原の北条氏なども、氏政《うじまさ》にいま少し勝負師のような勘と、駆け引きの手腕があったなら、あるいは滅亡を避けられたかもしれない。

氏政の、天下の形勢をみる目はまったく甘かった。九州遠征をも敢行し、西日本を制覇《せいは》した関白秀吉が、次にその勢力を東国に向けるのは自明のことであった。しかも、勝運に乗りきっている秀吉に敵対することの不利は、分別ある者なら当然予測できたはずである。ところが氏政は、無思慮にも秀吉に対して対抗意識を抱き、秀吉の上洛《じょうらく》命令をも無視しつづけたのである。

秀吉に対して曖昧《あいまい》な態度をとっていた氏政が、対秀吉外交の重大さを認識したのは、秀吉から天正十七年十一月二十四日付けの、宣戦布告状をつきつけられてからであったらしい。はじめて本気で秀吉の脅威をその身に受けとめた氏政は、姻戚《いんせき》関係にあった徳川家康に宛てて次のような手紙を書き送った。

御札《ぎょさつ》披見《ひけん》、本望に候。そもそも今度の様子案外の至りに候。已前《いぜん》鈴木を以て氏直《うじなお》申し達し候ひき。よく〳〵初中後《しょちゅうご》御工夫あり、然《しか》るべきように御取りなし専要に候。何《いず》れ篇《のへん》にも氏直表裏《ひょうり》なきところ分明、仰せ立てらるべく候事、年来の筋目、此の節に候。悉《ことごと》く皆、貴老御指引《さしひ》きあるべく候。恐々謹言。

(天正十七年)十二月九日　　氏政（花押）

徳川殿

（古證文）

文意は、お手紙拝見、本望に存じます。そもそも今度のことは思いのほかの事です。以前にも家臣の鈴木をもって氏直が申し上げました。よくよく一部始終を御賢察の上、御善処願います。何分にも氏直に表裏の心がないのは明らかなこと、この旨を、秀吉様に申し上げていただきたい。年来の条理を正すのもこの時、何ごとにも徳川殿のお力添えをお頼みします——というのである。

時勢の判断を誤り滅亡を招く

秀吉が北条氏に対して露骨な示威手段をとるようになったのは、天正十六年（一五八八）の夏頃からである。秀吉は、後陽成天皇《ごようぜい》の聚楽第《じゅらくてい》行幸に際して、挨拶《あいさつ》のために上洛《じょうらく》しなかった北条氏政・氏直父子に対して、使者を派遣して詰問させ、父子の上洛を命じた。これに対して北条氏内部では強硬論が主流を占め、秀吉の命令を無視する態度に出た。事態を憂慮した徳川家康の忠告に接したため、とりあえず氏政の弟、氏規《うじのり》を上洛させたが、肝心の氏政・氏直父子の上洛については、遷延策を弄《ろう》して実行に移さなかった。

ところが翌天正十七年の春、北条氏は上野《こうずけ》沼田城の帰属問題をめぐって真田《さなだ》昌幸《まさゆき》と争論を起こして、秀吉の政治的介入の口実をつくり、あらためて秀吉から上洛命令をいい渡された。そこで当主北条氏直は、秀吉に対して「本年の十二月には父氏政が必ず上洛するであろう」という一札を提出した。この手紙の文中に「已前《いぜん》鈴木を以て氏直申し達し」たとあるのも、その氏政上洛のことを指しているものと思われる。しかし氏政の上洛はなかなか実行に移される気配がみられなかったため、秀吉は北条氏への宣戦布告にふみきったのであった。信義に欠けた外交は禍《わざわい》を招くのだ。

事の成り行きに仰天した氏政は、この手紙で秀吉との間の調停を家康に依頼し、氏直に表裏の心がないことを、秀吉に弁明してほしいと懇願したのである。しかし、それもあとの祭りであった。その時、もはや家康は上方《かみがた》に発《た》ち、駿府《すんぷ》にはいなかったのである。

戦国争乱の時代、大名家の落城、廃絶は数えきれぬほど多いが、中でも後北条氏の滅亡は、あまりにも悲惨である。二百五十万石を超える領国を一度に失ってしまった。いま少しどうにかならなかったものか！　人々のこんな同情は、若年の当主氏直を指導しきれずに北条家を滅ぼした氏政に非難の声を向け、『小田原旧記』を書いた鈴木重秀は、氏政を「暗愚《あんぐ》」ときめつけた。

氏政も負けるとは思わなかったろう。また秀吉とて、はじめから、勝利を見通していたわけでもあるまい。戦っているうちに氏政は、「こんなはずではない」と、呆然《ぼうぜん》自失したのであろう。まさに戦争は賭博《とばく》である。

早雲以来、関東制覇を夢み、これに邁進《まいしん》してきた後北条氏歴代であるだけに、氏政の頭も東国だけで一杯で、日本全体がいまどのように動いているかという、大きな視野に欠けていた。

戦いの矛《ほこ》を交えて、はじめて氏政は秀吉軍の強さを知った。農兵を含んだ総力戦的な北条軍に対して、秀吉軍は刀狩《かたながり》によって兵農分離されたプロの軍隊であり、組織力も違う。

水軍も、秀吉のそれは九鬼《くき》をはじめとして南海で活躍した大船の精鋭ぞろいであるのに対し、北条水軍は里見水軍にも勝てない、漁船に毛の生えた程度のものにすぎなかった。

この秀吉軍と北条軍との軍事力の大きな開きを認識できなかったことが、後北条氏滅亡の因であり、氏政の愚かさでもあった。

秀吉みずからの総指揮のもとに攻め寄せる大兵の攻撃を受けて、韮山《にらやま》、鉢形《はちがた》をはじめとする支城もことごとく落とされ、本城小田原も三か月に及ぶ籠城《ろうじょう》も空しく、力つきた。七月十日、氏政は弟氏照とともに降伏し、翌日、涙をのんで割腹して果てた。享年五十三。子氏直は高野山に送られたが、翌年病死し、関東の雄、後北条氏は滅んだのである。

伊達政宗

永禄十年（一五六七）―寛永十三年（一六三六）

小田原参陣の次第を国許に報告

独眼竜といわれた政宗は、信長・秀吉・家康らより約三十歳前後も年少である。彼がもう十年ほどでも早く誕生していたならば、あるいは日本史の流れが変わったものになっていたかもしれない。

敵の擒《とりこ》となって拉致《らち》されていく父を、敵もろともに射殺して、奥州戦国史の舞台にデビューしたのが天正《てんしょう》十三年（一五八五）、十九歳の時であった。そしてそれからわずか五年ほどの間に、奥州地方随一の実力者にのし上がった。

しかし、その時すでに西日本には秀吉の中央政権が確立し、さらに全国統一をめざして、天正十八年には箱根を越えて、関東にまで遠征軍を進めてきた。これはたとえていえば、政宗の伊達商会が周囲の小資本を次々と合併吸収し、ようやく奥州第一のシェアを誇る優良企業にまで成長したその矢先に、上方《かみがた》の巨大資本が関東・奥州地方にまでなだれ込んできたようなものであった。

この時の政宗が選ぶ道は二つしかなかった。すなわち、後北条氏に協力をして玉砕を覚悟で上方の遠征軍と戦うか、それとも秀吉にひとまずは臣従し、その傘下に入って活路をみいだすかである。いずれにせよ、決断はむずかしかった。

四月はじめ、当時小田原城を攻囲していた秀吉から、政宗にも参陣をうながす使者が遣わされた。ところが政宗は、北条氏と親交のあったせいもあり、容易に行動が起こせなかった。その後、北条方の戦況の不利なのを知り、六月五日にようやく小田原に参着したため、秀吉の怒りを買ってしまったのである。政宗が参陣に遅れたのは、政宗を嫌い、その弟小次郎を跡目に立てようとしていた生母保春院が、実家の兄最上義光《もがみよしあき》にそそのかされ、政宗を毒殺しかけたからであるともいわれている。

小田原に遅参した政宗は、箱根底倉《そこくら》の山中に蟄居《ちっきょ》させられ、秀吉の使者に詰問《きつもん》されたが、政宗の巧みな弁解により、結局は会津、岩瀬、安積《あさか》の三郡を没収されただけですみ、本領出羽《でわ》はだいたい安堵《あんど》され、無事に帰還することができた。

次の手紙は、政宗が解放された直後、相模《さがみ》の藤沢から、国許《くにもと》、会津黒川城の留守居の者に対して、小田原における秀吉との会見の模様などについて書き送ったものである。

当月三日の書翰《しょかん》、今日十四日相州藤沢の地において一覧、本懐に候。一、去る五日に小田原え着陣、同九日巳《み》の刻出仕せしめ、同十日朝に茶の湯にて召し出され、名物共御見させ、なかんずく、天下に三つ共なき御刀・脇指《わきざし》、懇談して下され候。其《そ》の外、御入魂《ごじっこん》の儀共、是非に及ばず候。扨又《さてまた》、休息のため相返され候。今日、小田原より当藤沢え相着き候。廿四五日比《ごろ》は、黒河へ相帰るべく候。奥州五十四郡、出羽十二郡、皆以《もっ》て仕置など仰せ付けられ候。会津の事は、一端仰せ出され候条、先々《まずまず》、関白様御《お》蔵所《くらどころ》になされ候。万吉、懇々閑談に及ぶべく候。恐々謹言。

（天正十八年）六月十四日亥《い》の刻　政宗（花押）

追啓

判形《はんぎょう》少し違い候。なをし候へば、いかがのまま、早々此《かく》の如《ごと》くに候。

（伊達家文書）

文意は、当月三日付けのそちらからの手紙を、今日十四日に相模の藤沢で拝見、本望に思う。当方は、去る五日小田原に着陣、同九日の巳の刻（午前十時頃）、関白秀吉公のもとに出仕、十日の朝に茶の湯に召し出され、名物茶器などを拝見した。ことに天下に三つとはない御刀と脇指を、懇談のうちに下された。その他、お近づきをいただいたことはいうまでもない。そしてまた休息のため返され、今日小田原からこの藤沢に到着した次第である。二十四、五日頃には、会津の黒川に帰るつもりである。奥州五十四郡、出羽十二郡の領地に対する処分は定まったが、会津のことは、一度発言されたことでもあるから、ひとまず関白秀吉公の御蔵入領《おくらいり》（直轄地）となされた。いずれ、ゆっくりと話をしよう。書判《かきはん》（花押）の形が少し違ったが、手直しするのもどうかと思うので、取り急ぎこのまま差し上げる――というものである。

大器の証明

この手紙をみると、政宗の小田原参陣と秀吉への対面は順調に行われたようにみえるが、実際はそれほど簡単なことではなかったらしい。

政宗の遅参を怒った秀吉は、当初対面を許さず、箱根底倉に押し込めた。そして前田利家《としいえ》・浅野長吉（長政）・施薬院全宗《やくいんぜんそう》らを差遣《さけん》して、参陣遅刻の理由、秀吉配下の芦名《あしな》氏を滅ぼして会津を奪い、黒川城に移ったこと、および最上、相馬、大崎などの諸氏と抗争をしたことを詰問させた。

これに対して政宗は、少しも悪びれずに、小田原に遅参したのは、最上・葛西《かさい》・大崎など、四隣との緊張に加え、越後の上杉景勝までが会津へ出馬するという風説があったため進退にきわまって心ならずも遅延した。また芦名を滅ぼしたのは、父輝宗の仇《かたき》である二本松の畠山氏を攻めた行きがかりで、芦名が畠山に味方をしたからである。そして最上と戦ったのは、伊達家臣の鮎貝《あゆがい》宗信が内通して叛逆《はんぎゃく》したことに起因し、相馬との戦いは、石川弾正の内応に乗じて田村氏の三春城を乗っ取ろうとしたからで、大崎と戦ったのは、境界をめぐる争いから始まったのであるなどと、弁明したのであった。

政宗のこの理路整然として、しかも堂々たる弁明ぶりを聞いた秀吉は、感服して政宗の罪をとがめるだけとし、会津・岩瀬・安積の三郡を没収し、政宗の本領のほかに、安達郡の二本松・塩松・田村を安堵《あんど》することを決したのである。そしてなお秀吉が政宗に対面を許したのは、詰問使に対して政宗が、秀吉のお供をして小田原に滞在していた茶匠千利休について茶の湯の稽古《けいこ》をしたいと望んだということを聞いたからであるという。秀吉は危機に臨みながら、かくも余裕を示していた政宗の度量に、いたく感服したのであった。時に政宗二十四歳であった。

秀吉の政宗謁見の模様は、『関屋政春覚書』によれば、政宗は髪を水引で結び、白衣の死装束で進み出た。これをみた秀吉は、持っていた杖《つえ》で政宗の首を叩《たた》きながら、運のいい奴《やつ》じゃ、いま少し遅かったらここが危なかったぞよ――とつぶやいた。政宗は、首に熱湯をかけられる思いがしたという。

さて、こうして戦わずに秀吉に屈従した政宗であるが、当初は動乱の勃発《ぼっぱつ》を期待し、その機に自己勢力の拡張をはかることを考えていたようである。

小田原の陣後、豊臣氏の奉行らが奥羽で検地を行っているさなか、大崎・葛西地方で一揆《いっき》が起こった。これは、政宗の煽動《せんどう》によるものであるが、その事実が発覚しかけると、金箔《きんぱく》塗りの磔柱《はりつけばしら》を押し立てて上洛《じょうらく》し、秀吉の面前で、証拠としてつきつけられた自分の花押を偽物と押し通すふてぶてしさで危機を切り抜けた。ところが関ヶ原合戦の際には、東軍に味方をしたものの、家康にその下心を見抜かれて百万石のお墨付きを空手形にされてしまった。

しかし、この関ヶ原合戦以後、政宗は家康に忠誠を誓い、それまでの闘争と権謀にあふれていた政宗とはまるで別人のように、従順な徳川氏崇拝者に豹変《ひょうへん》した。むろんそれは政宗流処世術の極意によるものであり、この大局をみ、将来を読む鋭い洞察力こそ、彼の大器の証明なのである。

北条氏直

永禄五年（一五六二）―天正十九年（一五九一）

今後は自由に生きよ

天正《てんしょう》十八年（一五九〇）七月五日、秀吉の率いる二十万の大軍に圧倒された小田原城は降伏、開城した。攻防三か月余り、早雲以来五代にわたって関八州に君臨してきた後北条《ごほうじょう》氏としては、あまりにもあっけない敗北であった。

戦後の処置により、氏政《うじまさ》・氏照《うじてる》は切腹を命ぜられ、七月十一日に自刃。当主氏直《うじなお》は氏《うじ》規《のり》・氏房《うじふさ》らとともに高野山に追放された。

氏直は同二十日、小田原をあとにして高野に向かうが、その数日前、伊豆の韮山籠城《にらやまろうじょう》に参加した北条家臣大藤与七に宛て、次のような印判状を与えている。氏規を守将とした韮山城守備隊は、五百人に満たない小勢であったが、織田信雄《のぶかつ》を総大将とする四万を超える敵の大軍をひきつけ、ついに落城することなく、六月二十四日に至って開城したのであった。

今度韮山の地に籠城し、走り廻《まわ》り候。神妙の至りに候。今より以後は、何方《いずかた》になりともこれあるべき儀、相違あるべからざるものなり。仍《よ》って件《くだん》のごとし。

（大藤文書）

（氏直印判）（天正十八年）
七月十七日

大藤与七殿

文意は、このたびの韮山籠城戦における働きぶりは殊勝である。北条家が滅んだいま、これからのちは、いずれに仕官しようとも差しつかえない——というものである。

第二次大戦の終戦の際、ポツダム宣言の受諾をめぐって、無条件降伏か、本土決戦・戦争続行かで激論がかわされたが、小田原陣の終結にあたっても、北条氏内部で講和論と徹底抗戦論との激しい対立があった。

氏直は氏規や氏邦とともに、秀吉からの和議の受け入れを主張したが、前当主として権勢をふるっていた父の氏政や、氏直には叔父にあたる氏照らの「武をもってこれを失ふは憾《うら》みなしといへども、戦はずして降ることは能《あた》はず」という抗戦論におしきられた。そして無謀な戦争が続けられ、結局は滅亡に追い込まれてしまう。

もしあの時、氏直らの説く講和策が選ばれていたなら、あるいは後北条氏も豊臣政権下の有力外様大名として存続しえたかもしれない。ここに戦争指導者の責任と、その指導者に追随を余儀なくされる人々の幸・不幸をみる思いがする。

指導者の人格の相違による部下の幸・不幸は、戦闘の中にも顕著にあらわれている。抗戦論者の氏照の八王子城は、氏照不在とはいえ留守部隊は降伏を許されず落城、そして全員玉砕の悲運を強《し》いられた。それに対して講和論者の氏規の韮山城や、氏邦の鉢形《はちがた》城は、降参して開城し、城兵たちもみなその生命を助けられているのである。

小田原落城こぼれ話

江戸時代における氏直の評価は、けっしてよくない。『小田原旧記』などは「随分明察《めいさつ》ありといへども、惜しいかな虚弱にして、自ら専《もっぱ》らにせざるの過ちあるゆえに、遂《つい》に其《そ》の家を失へり」と評している。それは、氏直の戦争放棄という、一見弱々しい行動に対する批判からの評価と思われる。

戦場のヒーローとしての戦国武将に憧《あこが》れを抱いている人々にとっては、氏直のような人物に好感がもてないであろう。たしかにドラマの主人公としては、玉砕をいとわず強者に敢然と立ち向かう武将の方が勇壮だ。しかしこのような猪武者《いのししむしゃ》を指揮官にもったなら部下はたまらない。犬死にさえさせられるであろう。

氏直とて、生命《いのち》が惜しかったのではない。出撃か籠城《ろうじょう》か、西軍を迎え討つ作戦を議した小田原評定《ひょうじょう》では終始出撃を主張した氏直である。また、降伏に際して彼は秀吉に対して、自分の切腹をもって籠城諸兵の助命を嘆願したほどである。この氏直の潔い覚悟に感動した秀吉は、氏直の一命を助け、代わりに氏政・氏照と家老の大導寺政繁・松田憲秀の四人に切腹を命じたのであった。

もちろん、この時の氏直助命には、岳父の徳川家康が関与していたことも大きかった。北条と徳川は、かつて天正十年（一五八二）七月、武田氏の旧領を争って甲斐《かい》の若神子《わかみこ》で対陣したが、やがて北条は上野《こうずけ》、徳川は甲斐・信濃《しなの》を領し、家康の娘督姫が氏直の妻となるという条件で和睦《わぼく》したのであった。

ところで、人の上に立つ者は、個人の名誉や遺恨と、全体の利害とをわきまえなければならない。力と蛮勇のみに頼る主君では家臣は安心してついていかれない。その点氏直は思慮深い武将であった。この文書に氏直は、それまでの北条家代々が使用してきた有名な「虎」の印判を用いず、まったく別の印章を捺《お》している。関東の雄北条家滅亡の悲運を嘆き、祖先の武名に恥じ、その印章を用いることを遠慮した氏直の苦衷がありありとうかがわれる。

氏直は北条家を滅ぼしたが、家臣たちを助けた。降伏、小田原開城とともに、家臣たちのそれまでの忠節に対して感謝の意を表するとともに、彼らに主従関係の解消を告げて、今後の自由な身のふり方の選択を許したのである。「君子は二君に仕えず」などと、主君を替えることを無節操と非難し、たとえ主家が滅んで浪人の身になろうとも、生涯主君は一人であることを忠義としたのは、太平の世の江戸時代の理想の武士道にすぎない。興亡流転のいちじるしい戦国時代のモラルではなかったのである。

氏直は氏規・氏房らとともに高野山に送られて蟄居《ちっきょ》の身となったが、やがて徳川秀忠の仲介によって罪を赦《ゆる》される。天正十九年二月七日、秀吉から関東のうちに九千石、近江《おうみ》のうちに千石、合わせて一万石の地を与えられたが、同年十一月四日、三十歳で没している。

豊臣秀吉

天文六年（一五三七）―慶長三年（一五九八）

老女の病気を気遣う

日本歴史上の人物の人気投票をやったら、第一位にランクされるのは、おそらく豊臣秀吉にちがいない。小者から身を起こし、関白太政大臣《だいじょうだいじん》にまでなった立身出世男として、あるいは天下統一を成し遂げた戦略家として、その死後約四百年後の今日にいたるまで、秀吉は常に世人の人気を失わなかった。

秀吉に関して最も興味をひかれるところは、やはり他に比肩するものがないその立身出世ぶりであろう。実力主義の風潮が強かった戦国乱世とはいえ、下賤《げせん》の出自の者が、わずか数十年にして、大名や月卿雲客《げっけいうんかく》をも臣下に伏せさせるのは尋常のことではない。

秀吉は不思議な魅力をもった男である。誰もかれも秀吉に接したものは、その魅力にひかれ、水火の中に飛び込むことをも厭《いと》わぬ気持ちにさせられてしまう。これこそ人心をひきつけ、もろびとをリードする指導者としての天与の資質であり、秀吉の人間的魅力なのである。次の手紙は、秀吉が「五さ」という女性に与えたものである。

わが身浪人《ろうにん》の時、ねんごろにいたし候を、今において忘れがたく候。今度患《わずら》い候よし聞き候て、案じ入り候。可哀《かわい》く候まま、さてさて佗《わ》びごと文《ふみ》まいらせ候。かしく。

七月一日　　てんか

五さ

（益田文書）

文意は、自分の浪人時代にあなたから受けた親切を、いまでも忘れがたく思っている。今度病《やまい》にかかったということを聞き心配している。可哀そうに思っているのでまずは見舞いの手紙をさし上げよう——というのである。

「てんか」とは殿下《でんか》という意味であろうが、もしかしたら「天下取り」という意味であったのかもしれない。秀吉は、関白在任時代の手紙には、好んでこれを自署している。だからこの手紙は、秀吉が関白に任官した天正十三年（一五八五）から、その職を甥《おい》の秀次《ひでつぐ》に譲って太閤と称した同十九年までの間のものということになる。

宛名の「五さ」という人物の素性《すじよう》は明らかではないが、文面から察すると、秀吉がいまだ信長に仕える以前の浪人時代に、なにくれとなく世話を焼いてくれたことのある女性らしい。これは、その女性が病気になったと聞いた秀吉が、苦しかった青少年時代に受けた恩情を、今日でも忘れられないと回顧しながら、病状を気づかって出した自筆の消息《しようそく》である。

下積み時代に受けた親切を、終生忘れ得ぬ恩と感ずる人は案外少ない。出世欲の強い人ほど己《おのれ》の力に慢心し、旧恩を忘れてしまうものだ。だが秀吉という男は感心するほど義理堅い。同じ秀吉の浪人時代、一時秀吉の面倒をみた松下加兵衛之綱《ゆきつな》という武士がいた。之綱は遠江久能《とおとうみくのう》城主で今川家の重臣であったが、今川氏滅亡後わずか三十貫の貧乏侍に成り下がっていた。秀吉は天下に号令する地位につくと、この之綱を招いて四千石の知行を与え、「先年御牢人《ごろうにん》の時忠節の仁《じん》」、つまり自分が牢人時代に恩義を受けた人といって、客分として身近に置いて優遇し、小田原の陣後には、改めて三万一千石の知行と久能城を之綱に与えて昔の恩義にむくいている。この五さという女性も、おそらく相当な老女であったと思われるが、秀吉は彼の正妻北政所《きたのまんどころ》付きの老女に取り立てて、優遇したのである。

人を引きつけるのは真心

秀吉の偉《えら》さは、旧恩に対して単なる経済的・物質的な報酬をもってするという形だけのものでないことだ。その真心からの情愛である。秀吉はお人よしなほど心根が優しい。愛妻のおねが病気になった時には、わがこと以上に心配し、「下くだし」つまり下剤を使って「大便」が通るようにせよと気にかけ、側室松の丸殿が眼病を患ったと聞けば、有馬温泉での湯治をすすめ、灸《きゅう》や按摩《あんま》の治療を受けるようにと気をくばっていた。この手紙にも生涯忘れ得ぬ恩人の病気を、心から気づかっている秀吉の心の動きがよくうかがえる。

秀吉は人を感激させ、ころりと参らせてしまう特異な素質をもっていた男であった。織田信長の乳母をつとめた養徳院《ようとくいん》（池田恒興の母）が、小牧・長久手《ながくて》の合戦で子の勝入《しょうにゅう》恒興と孫元助を一度に失った時、秀吉は傷心の老婆に対して、御愁嘆《ごしゅうたん》はごもっともではあるが、戦死した恒興、元助父子の供養のために、是非とも残された両人の子供達の養育につとめていただきたいと励ました上で「勝入をみさせられ候とおぼしめし候て、筑前を御覧じ候べく候。なにようにも馳走《ちそう》申し候」、すなわち、これからは勝入恒興をみるようなつもりでこの秀吉をみていただきたい。何なりと御援助いたすであろうと慰めたのであった。これには養徳院も心から感激し、恒興の遺子をはげまし、秀吉に身命をなげうって忠勤をつくすことを訓戒したことであろう。

また中国地方への出兵の際、協力者として加わった小寺孝高《よしたか》（のちの黒田如水）に対して「其の方の儀は我ら弟の小一郎め同然に心やすく存じ候間《あいだ》」、つまりお前のことはわが弟小一郎秀長と同様に思っているといって、孝高を感奮興起させていた。

これを秀吉の打算の上の社交術とみるのは、凡人のさもしい性《さが》であろう。たしかに秀吉も駆け引きが巧みである。戦争に太刀はいらない——とみずから豪語するほどの戦略家であった。しかし、血で血を洗う抗争の中に、海千山千の武将が多かった戦国乱世、ゴマスリ的な軽薄才子がまかり通るわけがない。謀略と奸計《かんけい》がはびこり、人々の猜疑心《さいぎしん》が強くなっていた戦国の世だからこそ、秀吉のような純真な真心が、人々の心を強くひきつけ、その信頼感が、秀吉と彼をとりまく人々との大きな絆《きずな》となっていたのであろう。

慶長《けいちょう》三年(一五九八)六月といえば、秀吉死去の二か月前であるが、「五もじ」という女性に宛てた見舞いの手紙が残っている。彼女は明らかではないがもしかしたら、あの「五さ」と同一人物かもしれない。この時は秀吉自身も病の床にあったが、そこには「そもじ養生候て、すこしもよく候はゞ御こし候べく候」、つまりお前も養生して、少しでもよくなったらお越しなされよ。待っていると書き、さらに「ただの時の一万に此《こ》の文《ふみ》はむかい申すべく候」、すなわち、この手紙はわしの元気なときの手紙の一万通にも相当するぞ、と付け加えているのである。

今日に残る多くの秀吉の手紙に触れる時、私はいつも、出自の毛並みの悪さゆえに、猿とか剝《は》げ鼠《ねずみ》などと馬鹿にされる秀吉に同情を禁じえない。しかしどんな苦境にあってもへこたれず、明るさを失わない、泥くさいが心にはいつも優しさをもち、精一杯たくましく生き、すべてを燃えつくして死んだ秀吉の姿が浮かんでくる。

豊臣秀次

永禄十一年（一五六八）—文禄四年（一五九五）

小太刀伝授の誓紙

秀次は秀吉の姉の子で、子宝に恵まれなかった叔父の秀吉から、関白職を譲られ、養子となって豊臣家の相続をも約束されるが、その後、秀吉に実子が生まれると冷遇を受け、謀《む》叛《ほん》の嫌疑をかけられた末、高野山に追放され、切腹させられている。

江戸時代の諸書に描かれている秀次は、気の弱い小心者といったところであるが、じつは彼は剣術の達人であった。

次の手紙は、戸田景政から小太刀の秘法を授けられた秀次が、景政に与えた誓紙である。

其《そ》の方小太刀の秘法、一つ遺《のこ》らず伝授おわんぬ。歓抃《かんべん》浅からず候。実に孫呉《そんご》の兵法《ひょうほう》にもまた多くを譲らざるものなり。弥々《いよいよ》稽古《けいこ》怠慢すべからず候。然《しか》らば奥賾《おくさく》の太刀、他時異日、孫小《そんこ》法師《ほうし》丸《まる》に伝付《でんぷ》すべし。其の意易《やす》かるべく候。縷《る》せず。

天正辛卯（十九年）

孟夏《もうか》初七　　秀次（花押）

戸田治部右衛門尉殿《(景政)》　　（富田家蔵）

文意は、なんじの小太刀の秘法を一つ残らず伝授してもらったことは喜び浅くない。その技《わざ》はまことに孫子や呉子の兵法にも多くを譲るものではない。いよいよ稽古に怠慢はしない所存である。されば奥義の太刀わざをいずれ日を改めて孫小法師丸にも伝授してほしい。どうか心やすく願いたい。こと細かにはいわない――というのである。日付の「天正辛卯《しんぼう》」は十九年（一五九一）、「孟夏初七」は旧暦四月初旬の七日。秀次は当年二十四歳、関白に任官したのも、この年の十二月のことであった。

戸田景政は前田利家《としいえ》の家臣で、四千石を与えられ、能登《のと》七尾城代をもつとめた重臣であるが、この頃、戸田家は剣術の家として知られていた。戸田家の剣法は元来は中条《ちゅうじょう》流の流れを受けているものであるが、当時一派をなして戸田（富田）流と称されていた。景政の兄勢源《せいげん》は、講談には佐々木小次郎の師として登場してくるし、景政の子重政も剣法を将軍徳川秀忠の上覧に供したといわれるなど、戸田一族は剣客ぞろいであった。

小太刀とは文字どおり小さい太刀を使用する刀法であり、太刀を帯びていない殿中や、日常の護身術として発達した。秀次も景政に小太刀を学んで印可《いんか》（免許）を受けるほどの名手であったようだ。文中にみえる「孫小法師丸」というのは明らかではないが、秀次の側室に生まれた子供の一人と思われる。秀次はその子にも是非とも小太刀の技を身につけさせたいと願っていたのであろう。

身を滅ぼした殺人剣

秀次は、剣術に対して驚くほどの関心を示していた。日夏繁高が正徳《しょうとく》四年（一七一四）に書いた『本朝武芸小伝』をみると、秀次が交流をもった剣術家として、この戸田景政の他に、上泉伊勢守秀綱門下の高弟、神後《じんご》伊豆守、疋田《ひきた》文五郎、富田流の名手長谷川宗喜《そうき》などの名がみえており、彼ら剣客たちを招いては剣法の修業に熱中していた秀次の姿が想像される。

ところで、秀次が高野山に追放され、間もなく切腹を命ぜられて果てたのは、文禄《ぶんろく》四年（一五九五）七月のことである。秀次の破滅について、通説では、お拾《ひろい》（秀頼）の誕生によって将来に失望した秀次が、自暴自棄に陥り、乱行《らんぎょう》のはて秀吉に対して謀叛《むほん》を企てたからであるといわれている。そして江戸時代の諸書にはその秀次の乱行ぶりについて、弓や鉄《てっ》砲《ぽう》の稽古《けいこ》のために往来を通る者を召し捕らえて的《まと》代わりにしたとか、殺生禁断の比叡山《ひえいざん》で鹿狩《しかがり》をしたとか、つまらないことから座頭《ざとう》や料理人をなぶり殺したとか、妊婦の腹を裂いて胎児《たいじ》を取り出してながめたとかいった話を記している。しかし、このような話は、後世の巷《ちまた》の講釈師の作り話であり、真実とは考えがたい。

秀次失脚の真相は、秀吉や淀殿《よど》の、わが子お拾に対する盲愛ぶりを目のあたりにした石田三成が、陰謀をめぐらして秀次を陥れたものらしく、秀次の罪科の大なるものは、秀吉に対する謀叛の嫌疑であり、ことに夜中に武器を携帯してのし歩いたことがその証拠とされたのであった。

秀次が謀叛の意思を抱いていたというのもまったくの冤罪《えんざい》であろうが、秀次の日頃の剣術に対する熱中ぶりは、彼を陥れようとする者にとっては、格好の材料となったのである。「芸は身を助ける」というが、秀次にとって芸は身の仇《あだ》となった。武士たるものの必須《ひっす》の嗜《たしな》みとして錬磨にはげんだ剣術が、わが身を滅ぼそうとは、秀次自身まったく意外であったにちがいない。

この剣術修業にこりすぎた秀次をみると、私は対照的に徳川家康を思い浮かべる。『遺老物語』に記す話であるが、家康は彼に剣法を指南した疋田文五郎に対して、文五郎は人によって入用なところと不用なところの区別のあることを知っていない――といってたしなめたことがある。家康も、奥平急賀斎公重《きみしげ》や柳生石舟斎宗厳《むねよし》に剣を学んで免許を受けたほどの達人であったが、天下人としての剣をわきまえていた。これに較べると秀次は人斬《き》り技法の修得にのみ心を傾け、王者の剣を身につけることができなかったようである。なにごとも度を外した熱中は不幸を招くというものだ。

しかし、さすが剣豪であっただけに、秀次の高野山における切腹ぶりはじつに壮烈であった。『川角太閤記《かわすみたいこうき》』によると、その日秀次は行水をして身を清め、近習たちと別れの盃《はい》をかわしたのち、死に場所の床几《しょうぎ》に腰を移した。その際、東向きに着座したため、近侍の者が座替えをして向きを改めるように申し伝えた。ところが秀次は「十方仏土中とある時は、方角は入《（要）》らざるものなり」といってそのまま一文字に腹を切り、介錯《かいしゃく》させている。その際、介錯をつとめた近臣の篠部《ささべ》淡路守《あわじのかみ》は、主君の首の介錯ということで気が動顛《どうてん》したのか、初太刀は低すぎて肩へ切りつけ、二太刀目は高すぎ、秀次に「能《よく》しづめて仕り候へ」と声をかけられ、三太刀目でやっと首を落とした。いかにも落ち着いた秀次の死にざまである。享年二十八であった。

佐竹義宣

元亀元年（一五七〇）―寛永十年（一六三三）

名護屋陣中の模様を伝える

文禄《ぶんろく》の朝鮮出兵の際、秀吉に供奉《ぐぶ》して、肥前名護屋に駐屯していた佐竹義宣《よしのぶ》は、文禄二年（一五九三）の正月二十九日付けで、国許《くにもと》、常陸《ひたち》水戸の留守家老、和田安房守《あわのかみ》に宛てて、次のような書状を書き送っている。

猶々《なおなお》、桃源へ申し候。陣中茶の湯のはやる事、大形ならず候。太閤《たいこう》様などは、一日も御しろ（城）には御入候はず候。方々への御成に候。御参りなどにも、似合ひにまたすき（数奇）にて越され候。松一本なども廿余り見申し候。又すき（数寄）をも猶けいこ（稽古）いたし候。関東におゐては一のすきしや（数寄者）たるべく候。ただそれがしまへなどにては、茶とも湯共其《そ》の方などは口はあかせ申すまじく候。ただ〱、きさ一から御すき（数寄）あるべく候。以上。

便《びん》にて申し遣はし候。此《こ》の表《おもて》何事なく候。高麗《こうらい》の儀も無事などと風聞候。併《しか》し、今に相澄ます事はこれなく候。度々申し遣はし候ごとく、当春は御渡海に相究《きわ》まり候間、中のほり《(堀)》の儀少しも油断いたすまじく候。料所方の年貢の儀引き詰め催促いたすべく候。又普請《ふしん》三月より申し付けいたすべく候。人見主膳《しゅぜん》所に置き候つゝみ《(鼓)》のどう《(胴)》、重ねての便に大小共さしこすべく候。大つゝみ《(鼓)》はまき《(蒔)》絵うり《(瓜)》にて候。こつゝみ《(小鼓)》はまきえ《(蒔絵)》たんぽゝにて候。こつゝみ《(小鼓)》は皮をもさしそへ指し越すべく候。大つゝみ《(鼓)》はどう《(胴)》計り指し越すべく候。又館《やかた》に笛これ有るべく候間、よく／＼たづね候てさしこすべく候。又しゅぜん《(主膳)》所にも笛一くわん《(管)》候べく候。其れをもさしこすべく候。たんぽゝのどう《(胴)》はしゅぜん《(主膳)》所にこれなく候はゞ、宗叱《そうしつ》所にこれ有るべく候。太閤さま日々の御能に候間、陣中乱舞はやり候。何《いず》れもとしより《(年寄)》共は狂言をいたし候間、其の身の儀も、狂言をけいこ《(稽古)》いたし候て、狂言いたすべく候。狂言相手には桃源・玄喜・小貫・伊賀など越すべく候。是《これ》も唐へ渡り候て、何事なくかへり《(帰)》候はば、国元におゐても能興業のねが《(願)》ひ迄《まで》に候。何事におゐても諸法度以下油断なく申し付くべきこと尤《もっと》もに候。謹言。

正月《(文禄二年)》廿九日　　義宣（花押）

和田安房守殿

（陸奥阿保文書）

文意は、手紙で申しつける。当地名護屋に変事はない。高麗《こうらい》（朝鮮）もまた無事ということだ。しかし今のままではすむまい。たびたび申し伝えたように、この春には太閤様の朝鮮御渡海と決定したから、中の丸の堀普請のことも少しも油断せぬよう。所領からの年貢もぬかりなく催促せよ。また堀普請は三月から開始させよ。家臣の人見主膳の所に置いておいた鼓の胴は、次の便で大小ともよこしてほしい。大鼓《おおつづみ》の蒔絵《まきえ》は瓜《うり》、小鼓《こつづみ》のそれはたんぽぽである。小鼓は革をも一緒によこすように。大鼓は胴だけでよい。また館《やかた》に笛があるはずだから、よく探してよこしてくれ。また主膳の所にも笛が一管あるはずだ。それもよこしてほしい。たんぽぽの胴は主膳の所になければ家臣の宗叱《そうしつ》の所にあろう。太閤様は毎日御能をやられているので陣中には乱舞が流行している。年寄り共はみな狂言をしているから、それがしも狂言の稽古《けいこ》をいたそうと思う。相手のため、桃源・玄喜・小貫・伊賀らの狂言師をよこしてくれ。朝鮮へ渡って無事帰朝したならば、常陸で能を興行したい。何事においても諸法度以下、油断なく申しつけることが肝要である。

なお、桃源へも申し伝える。陣中における茶の湯の流行はひとかたではない。太閤様などは一日として名護屋城に落ちついていられることはなく、方々へ外出されている。御参《ごさん》詣《けい》の時でも、その神社に似つかわしい茶の湯を催される。松一本《ひともと》の下で催す茶の湯なども二十余り拝見した。またそれがしも茶の湯の稽古に一層精を出している。おそらく関東随一の数奇者《すきしゃ》になったのであろう。それがしの前で茶の湯のことでは一言もさしはさませぬぞ。お前もただただ、ひたすら茶の湯にはげむのがよい――というものだ。

連日茶の湯や能に熱中

この書状は、義宣が留守家老に対して、朝鮮出兵の状況や、名護屋陣中における茶の湯・能楽などの流行の模様を知らせ、自分もそれらに執心していること、またそのために必要な鼓《つづみ》や狂言師の手配を命じ、合わせて領国の仕置などについて指図したものである。

この手紙の中に、秀吉が名護屋の陣中において茶の湯や能を好み、連日のように茶会のために外出したとあるが、そうした様子は諸記録にもみえている。たとえば『宗湛《そうたん》日記』の文禄二年（一五九三）正月条をみると、元日から十四日までの記事は欠けているが、十五日以後を拾っても、正月十七日は朝に名護屋城で織田有楽《うらく》の朝会、昼は住吉屋宗無《そうむ》の会、十九日の昼は佐久間不干斎《ふかんさい》の会、二十一日の昼は徳川家康の会、二十二日の朝は石田正澄《まさずみ》の会、同日の昼は小寺休夢《きゅうむ》の会、二十五日の昼は池田伊予の会、二十六日の夜は岡田長右衛門の会、二十七日の朝は宗凡《そうぼん》の会などが催されていたことがわかる。また秀吉が能の仕舞の稽古《けいこ》を本格的に始めたのも文禄二年の春頃からで、陣中の気晴らしに、能役者らを召して興行させるだけでなく、暮松新九郎の手ほどきによってみずからも演能の稽古に熱中しはじめたのであった。

こうした秀吉の影響を受けて、周囲の武将たちの間にも茶の湯や能楽が流行したが、それらの中でも、この義宣の熱心ぶりはひときわ目立っている。茶の湯についてはみずから〝関東随一の数奇者〟と豪語しているし、能狂言をやるために大小の鼓・笛のみならず、国許《くにもと》から狂言師までをも呼び寄せて、相手をさせようというほどの熱中ぶりであった。

佐竹氏は戦国の荒波をくぐり抜けて、徳川氏時代にも有数の外様大名家として存続した。しかし、佐竹氏が激動の乱世に巧みに対処できたのは、義宣よりも、むしろその背後で采《さい》配《はい》を振っていた父義重の力が大きかった。

かつて伊達、北条氏らを向こうにまわして「鬼義重」とあだ名をされた義重は、すでに天正《てんしょう》十七年（一五八九）、家督を義宣に譲って隠居していたが、翌年の小田原陣に際して、義宣を連れていち早く秀吉に参陣して、常陸《ひたち》五十余万石の領国を守ったのは義重であった。また慶長《けいちょう》五年（一六〇〇）の関ヶ原合戦の際、義宣が西軍に通じたため、戦後危機に直面したが、秋田二十万石への移封という処罰ですんだのも、やはり父義重の善後策によるものであった。だが、関ヶ原以後の佐竹氏の安泰にとっては、軍事よりも茶の湯や能楽に熱中する義宣の個性が大きくはたらいていたといえよう。徳川氏の監視の厳しかった江戸初期、義宣のような人物こそ、外様大名の理想的な姿であった。義宣は寛永《かんえい》十年（一六三三）正月二十五日、江戸で病死している。享年六十四歳。

足利義昭

天文六年（一五三七）—慶長二年（一五九七）

出征した老将を見舞う

屋台骨の傾いた戦乱の世の将軍家に生をうけたのが不幸のもとか、足利義昭《あしかがよしあき》の生涯はじつに変転きわまりないものであった。

次男坊であったから、興福寺一乗院の門主《もんしゅ》として、僧門の道に一生を終えるはずの身が、兄義輝《よしてる》の不慮の死によって、突然波乱の中にひきずり込まれる。奈良脱出後、足利将軍家の再興をはかって還俗《げんぞく》、近江《おうみ》の六角《ろっかく》、若狭《わかさ》の武田、越前《えちぜん》の朝倉らを頼って、転々と身を寄せ、この念願は尾張《おわり》の織田信長によってかなえられる。永禄《えいろく》十一年（一五六八）九月、上洛《じょうらく》に成功して十五代将軍の座についた。しかし間もなく、信長との間に確執を生じ、信長打倒を計画して諸国の反信長勢力に蹶起《けっき》をうながしたが、失敗。天正《てんしょう》元年（一五七三）七月、信長の攻撃を受けて降伏、京都から追放される。だが、信長打倒の執念は変わらず、遠く中国地方の群雄毛利の領国から、京都復帰のチャンスを待った。そして天正十年、本能寺の変に信長が横死すると、怨念《おんねん》もいつしかさめ、やがて秀吉に招かれて一万石を与えられ、昌山道休《しょうざんどうきゅう》と号し、側近として仕え、慶長《けいちょう》二年（一五九七）八月、享年六十一歳をもって大坂で死んだのである。

次の手紙は、義昭が、いわゆる文禄の役に朝鮮へ出征していた小早川隆景《こばやかわたかかげ》に与えた自筆の消息である。署名に「昌」とあるのは、昌山の略である。隆景は、毛利元就《もとなり》の三男で、兄吉川《きっかわ》元春とともに「毛利の両川《りょうせん》」といわれて、元就の中国経略の支柱となり、元就が死んだあとは、甥《おい》の毛利輝元を補佐して毛利家のために終生つくしている。義昭はかつて毛利氏を頼ってその領国内に保護を受けていたから、隆景とは昵懇《じっこん》の間柄にあった。

その表《おもて》、永々《ながなが》在陣、苦労是非《ぜひ》に及ばず候。殊《こと》に都表《みやこおもて》におゐて、自身手を砕《くだ》きて防戦、比類《ひるい》なき趣《おもむき》によって、太閤《たいこう》別して御感浅《ぎょかん》からず候。誠に名誉の段、身《み》におゐて満足これに過ぎず候。早々見舞いとして申し越すべきところ、遠方故《ゆえ》、とかく遅々《ちぢ》、本意に背《そむ》き候。よって、道服《どうふく》・袷帷《あわせかたびら》これを進め候。目出《めで》、やがて帰朝たるべき間《あいだ》、其《そ》の節を期《ご》し入り候なり。かしく。

(文禄二年)五月廿六日　昌（花押）

隆景へ

（小早川家文書）

文中の「その表」「都表」とは、朝鮮国の首都京城を指している。十五万八千余といわれる遠征軍の第六軍指揮官として渡海した隆景は、文禄《ぶんろく》二年(一五九三)正月二十六日、京城郊外の碧蹄館《へきていかん》付近で、李如松《りじょしょう》の率いる朝鮮軍と交戦してこれを撃破するという戦功を挙げていた。その隆景は、すでに六十歳を過ぎた老将であった。

文意は、その表に永々在陣され、苦労のほどは是非もないことである。ことに京城で、みずから采配《さいはい》を振って敵軍の襲来を防いだことは、比類のない功績、太閤秀吉公もとりわけ感心しておられる御様子、まことに名誉のことであり、この義昭自身としても満足この上なく思っている。早々にお見舞い申すべきところ、遠方のため遅れ、不本意この上ない。よって、道服《どうふく》と袷帷《あわせかたびら》を進呈する。目出たくやがて帰朝することだろうから、その節を期待している——というものである。

つまりこの手紙は、隆景の朝鮮在陣の辛労をねぎらい、ことに碧蹄館における戦功を賞し、その手柄を太閤秀吉も大変満足していることを報じたものである。

これより先、加藤清正、小西行長らを先陣とする日本軍が、朝鮮へ渡海したのは文禄元年三月のことであった。後陣第六軍の小早川隊も、五月初旬には釜山《ふざん》に到着した。日本軍は、開戦当初はまさに破竹の勢いを示し、またたくまに京城・開城を手に入れ、平壌をも占領した。しかしやがて明国の支援を受けた朝鮮軍の反撃に苦戦しはじめた。そして翌二年正月七日、平壌を守っていた小西行長隊が、明将李如松の大軍に敗れて京城に退いてからは、戦線の縮小を余儀なくされていた。小早川隆景が奮闘した碧蹄館の戦いは、追撃してきた李如松の率いる二万の大軍を迎撃して明軍に徹底的な打撃を与えたのである。

義昭がこの手紙を書いた五月二十六日頃といえば、明国との間に和議の交渉が進められていた頃であるが、そうした和議のきっかけは、碧蹄館における日本軍の勝利にあったといわれるから、隆景の戦功は日本勢にとってはまさに大殊勲であった。

消えていた過去への憎しみ

この手紙を書いた文禄二年（一五九三）は、義昭の死ぬ四年ほど前になる。信長に対して抱いていた熾烈《しれつ》な骨髄からの憎悪の念も消え失せ、いまや秀吉の近臣として穏やかな日々を送っていた晩年である。

これは、義昭が異郷にいる旧来の知己《ちき》隆景の労苦をねぎらった手紙であるが、同時にここに、秀吉に対する忠誠ぶりがうかがわれるのは面白い。

しかし、考えてみれば、義昭が忠誠をつくしている太閤秀吉は、もとはといえば信長の部下。いわば彼が憎んだ敵陣営の中枢にあった男である。坊主憎けりゃ袈裟《けさ》まで憎い――のたとえどおり、義昭の怨敵《おんてき》の一人であったはずだ。それなら、信長に対するかつての憎しみのもとは、いったい何であったのか。そしてまた何が義昭の、あの凄《すさ》まじいほどの憎しみの炎を消させたのであろうか。それも信長の死後わずか十年ほどの間に。

この義昭の感情の変化を想像すると、おそらく信長への憎悪感は、信長が自己の野望実現のための手段としてのみ義昭を利用し、上洛《じょうらく》成功後はロボット以下の扱いしかしなかったことに対する激しい憤りによるものであろう。これに較べれば秀吉の心は温かく、丁重であった。一万石という扶持はけっして多いものではなかったが、それでも、朝廷から皇族に準じる准三后《じゅさんごう》の位をもらってくれたし、秀吉の親族のような扱いをしてくれる。一度は猶子《ゆうし》にしてほしいとさえ頼んできた。将軍職復帰こそできなかったが、秀吉の処遇は義昭の自尊心を傷つけるほどのものではなかったし、前将軍としての世間への面目も立った。

それにしても、ここに義昭が過去の怨敵《おんてき》の秀吉に仕え、心から忠節をつくして働いている様子がうかがわれるのをみると、妙な気がしないでもない。

松本清張をして〝陰謀将軍〟とまでいわせた、あの信長打倒の執念に燃えた義昭の姿を思うにつけ、あまりの変心、変身ぶりに驚かされる。

だが、かつての戦争推進論者が、敗戦とともに平和論者に豹変《ひょうへん》し、口を拭《ぬぐ》って己《おのれ》の責任をさえ省みない者の多いのが世の常。単一社会の島国日本人は、歴史的に人種・民族、宗教的な対立をくりかえしてきた異邦人と異なって、案外とことんまで敵を憎みつづける心をもたないのかもしれない。宿世《すくせ》の怨念《おんねん》とて、精神的・物質的、あるいは政治的・社会的な状況の変化によって猫の目のように変わる。義昭もまた、そうしたタイプの日本人であったのだろうか。

加藤光泰

天文六年（一五三七）―文禄二年（一五九三）

愚息の後見を依頼

加藤光泰《みつやす》は、一般には知名度の低い武将かもしれない。彼は秀吉子飼《こが》いの直臣《じきしん》で、秀吉が、光泰には日本の国のことはいうまでもなく、唐《から》の国まで平定を命ずるつもりだ――といっていたほど、秀吉の信頼厚い男であった。

美濃《みの》国出身の旧斎藤浪人だが、近江《おうみ》長浜時代の秀吉に拾われた。はじめはわずか三十石ほどの小者であったが、才能を見込まれて抜擢《ばってき》を受け、蔵入領《くらいりりょう》（秀吉直轄地）の代官をまかされた。さらに歴戦の功を積んで禄高を加え、天正《てんしょう》十八年（一五九〇）小田原役の後、甲斐《かい》府中二十四万石を与えられている。文禄《ぶんろく》元年（一五九二）朝鮮出兵に参謀の一人として渡海し、作戦にあたったが、病にかかり、翌年帰朝の途中、八月二十九日、西生浦《せいせいほ》で急死した。享年五十七。ここに紹介する手紙は、死期を悟った光泰が、はるか朝鮮の地から、秀吉の側近の浅野弾正少弼《だんじようのしようひつ》長政に書き送った書状であるが、これを書いた翌日に急死したから遺言となった。

我等事、御存知の如《ごと》く、此《こ》の中に相煩《あいわずらい》に付、種々養生つかまつり候へ共、終《つい》に験《けん》を得ずして相果て申し候。然《しか》れ共、甲斐の国の儀かなめのところ、其《そ》の上御国の端に候。作十郎若年の儀に候間、召し上げられ、御近所に召し遣はされ候様に仰せ上げられ下さるべく候。何様《いかさま》共、倅《せがれ》の事頼み入り申し候。誠に御国を下され、御用にも立ち申さず、かように相果て申す事、無念に存じ候。しかしながら是《ぜ》が事と存じ、是非に及ばず候。随《したが》つて上様へ何にても珍敷《めずらしき》御道具たてまつり申したく候へ共、御存知の如く、我等すりきり故、左様の道具もこれ無き条、金子《きんす》五十枚御たてまつり下さるべく候。此の地より二十枚遣はし候。相残りし分は国元へ申し遣はし候。何様共然《しか》るべき様に頼み申し候。委細の儀、一柳右近《ひとつやなぎうこん》方へ申し渡し候。恐々《きょうきょう》謹言。

（文禄二年）八月廿八日　　加藤遠江守光泰　判

浅野弾正殿　参る

（『北藤録』所収）

文意は、自分は御存知のようにこの朝鮮で病気にかかり、種々の養生の利き目もなく果てようとしている。しかしながら、自分の所領である甲斐の国は要地であり、秀吉様のお国の端でもある。わが子作十郎（貞泰）はまだ若年であるから、甲斐の国は没収して、秀吉の近習にでも召し使って下さるよう申し上げていただきたい。何分倅《せがれ》のことを頼みます。領国をいただきながら御用にも立てず、このように果てること無念。しかし致し方のないこと。秀吉様には珍しい御道具でも差し上げたいところだが、御承知のように自分はすりきりの貧乏者、そのような物とてもたないので、せめてもに黄金五十枚を差し上げたい。この朝鮮の地から二十枚送ります。残りの分は国許《くにもと》甲斐へ申しておきます。なにとぞよろしく頼みます。詳しいことは一柳右近方へ申し渡しました——というのである。

宛名の浅野弾正少弼長政は、秀吉の正室おねの養父であった織田信長の弓衆浅野長勝《ながかつ》の養子である。尾張《おわり》の土豪安井重継《しげつぐ》の子であるが、母の縁戚《えんせき》にあった長勝の女婿となって浅野家を継いだ。そして、おねの縁故で早くから秀吉の家臣となり、豊臣政権下においてはいわゆる五奉行の筆頭格にあった。

公私のけじめを忘れぬ一徹者

光泰が領国甲斐を要地であり、「御国の端」といっているのは、関八州を握っている外様の大勢力徳川家康に対するおさえとしての、豊臣陣営の境にあたる要地との意味であろうか。

それにしても、自分の領地を若年の倅に継がせずに、召し上げてほしいといっているのは変わっている。一般論からすれば、自分の土地・財産は、血を分けたわが子に相続させたいと思うのが普通だ。その子が若年者や凡庸ならばなおさらのこと、行く末を慮《おもんぱか》って懊悩《おうのう》し、わが財産のすべてを伝え残そうと、そのための助力を懇願するのが、親の情というものであろう。ことに光泰のように、浪人者の無一物からたたき上げて、一代でその地位と財産を築き上げた男なら、物欲も人一倍強いはず。が、公の利益と私心とを冷静に区別できたところが苦労人光泰の偉いところである。

光泰は、一徹者であったらしい。『常山紀談《じょうざんきだん》』には次のような話が載せられている。それは、文禄の役で朝鮮に在陣中のことであった。京城にいた日本軍の主力が撤退を議した時というから、文禄二年（一五九三）の二月頃であろう。加藤清正・鍋島直茂《なおしげ》らが、いまだ咸鏡道《かんきょうどう》で苦戦中で、帰還していないことを憂慮していた光泰は、軍議の席上、「清正を捨てん事、日本の恥なり」といって撤退に反対した。そして福島正則・宇喜多秀家らが兵糧《ひょう》《ろう》の欠乏を理由に撤退論を主張すると、光泰は正則をきっとにらみ「いかに市松、いつの間に大きになりたるぞや」といい、また秀家に向かって「今までは中納言殿と敬《うやま》ひ申したりき。今日よりは中納言めと申すべし。清正を捨て殺し、恥を異国にさらす人々なり」といい捨てて座を立とうとした時に、清正らが退却して京城から三里ほどの所まで近づいているという報告に接したという。いかにも頑固者といった感じである。これでは敵も多かったことであろう。

一説によれば、光泰は石田三成に毒殺されたという。作戦について、しばしば光泰と対立していた三成は、明国《みん》との和睦《わぼく》の宴にことよせて、光泰を殺そうとした。毒殺の謀略を心配した家来たちは引きとめたが、光泰は、毒殺は覚悟のこと、行かなければ武門の恥になる——といって出掛けていった。予期したとおり鮒《ふな》の吸い物に鴆毒《ちんどく》が入っており、たちまち光泰は悶《もだ》え苦しんだ。急を聞いて駆けつけた加藤清正に、光泰は息も絶え絶えの中に、家来共が三成を殺そうと激昂《げっこう》しているが、我と石田は日本軍同士の争い。だが、ここは敵地のこと、混乱が起これば敵に乗ぜられる。貴殿はどうかこれを制止してもらいたい——と依頼してこと切れたという。史実とは信じられない話だが、いかにも公と私とのけじめを忘れない光泰らしい逸話である。

二十四万石もの高禄取りが、「我等すりきり」の貧乏者などといっているのは妙な気もするが、光泰はかつて禄高に不相応な多くの家来を召し抱えて、秀吉のきつい叱責《しっせき》を受けたことがあるほどだから、この頃も多数の家臣を抱え、自身は貧窮に甘んじていたのかもしれない。文末にある一柳右近という人物は明らかでないが、光泰の妻の実家、一柳氏の同族で、秀吉の近臣として仕えていた者であろう。

光泰の嫡男作十郎貞泰は、父が病死した時、十二歳であったが、やがて光泰の遺志どおり秀吉の近習に召され、美濃《みの》国黒野庄四万石を与えられた。そして関ケ原合戦には徳川家康に従い、慶長《けいちょう》十五年（一六一〇）、伯耆米子《ほうきよなご》六万石に封ぜられ、大坂陣ののち、伊予《いよ》大洲《おおず》六万石に転封され、大洲藩祖となった。

島津義弘

天文四年（一五三五）—元和五年（一六一九）

朝鮮から和歌の添削を依頼

秀吉の朝鮮出兵に参加して渡海し、唐島《からしま》（巨済島）に駐屯していた島津義弘《よしひろ》は、文禄《ぶんろく》三年（一五九四）の六月、その陣所の永登浦《えいとうほ》城から故国の京都邸で留守居の任にあたっていた島津家の家老新納《にいろ》武蔵入道忠元《ただもと》に宛てて、次のような手紙を書き送った。

先度《せんど》一書を用ひ候。定めて相届くべく候。仍《よ》って、此《こ》の一局恥《は》じ入り候へ共、隔心《きゃくしん》なきまま、これを遣はし候。爰元《ここもと》にて談合申し候人もこれなく、まことの自分に候条、手の付け所も候まじけれ共、相応に墨書き付け候ひて給はり候はば、連日の窮屈を散じたき心底に候。くれぐれも見参《げざん》の儀、まちかねたる計りに候。なほ、後音《こういん》を期し候。

恐々謹言。

六月十日（文禄三年）　義弘（花押）

新武入（新納武蔵入道）

（新納家文書）

文意は、先頃一書を認《したた》めた。きっと届くであろう。そこでこの一局の歌巻は、恥ずかしい次第だが、へだてのない間柄ゆえ送ることにした。この地ではとくに相談する人とてなく、まことに自分だけのものであるから、手の付けようもないところもあろうが、適当に添削を施して返送してくれるなら、連日の窮屈をまぎらわすことができよう。くれぐれも、お目にかかる日を待ちかねている。なお、あとの音信を期待している——というものである。

宛名の新納武蔵入道忠元は、薩摩《さつま》の大口城主で、島津の重臣である。彼は古典に精通し、和歌をよくし、近衛前久《このえさきひさ》について古今伝授を受けていたほどの歌人であった。そこで義弘は、朝鮮の戦地で作った和歌の巻物にこの手紙を添えて、忠元に添削を依頼したのであった。

義弘は、島津義久の弟であるが、男子のいなかった兄義久の養子となり、天正《てんしょう》十五年(一五八七)秀吉の九州征伐で島津が降伏したあとは、隠居して表面から退いた兄に代わって、島津十七代の主として、新たに秀吉から安堵《あんど》された薩摩・大隅《おおすみ》両国の経営に専念している。

秀吉の朝鮮出兵に際して、義弘は文禄・慶長《けいちょう》の二度にわたって参加した。すなわち文禄の役には子久保とともに渡海し、巨済島や京城方面で転戦して功を挙げ、慶長の役でも各地に勇戦して武名を轟《とどろ》かせている。とくに慶長三年（一五九八）十月の泗川《しせん》の戦いにおける義弘の勇猛ぶりは、明《みん》の史書にも「子曼子《しまず》」勢は「強悍《きょうかん》にして勁敵《けいてき》と称す」と評されたほどである。

この戦いでは秀吉の遺命によって、朝鮮から撤兵しようとする日本軍を殲滅《せんめつ》するために、二十万を超える明と朝鮮の大軍が慶尚南道《けいしょうなんどう》に押し寄せた。

これを義弘は、その子忠恒《ただつね》とともに泗川の新砦にひきつけ、一万たらずの兵をもって奮戦撃破し、首級三万八千七百余を上げたのである。そのため敵軍は戦意を失い、日本軍は無事に撤退できたという。帰国後、義弘はその功を賞されて、五万石を加増されている。

気配りに心掛けた猛将

義弘は豪胆な勇将である。関ヶ原合戦の折り、義弘はわずか千五百の兵をもって西軍に加わったが、西軍の潰滅《かいめつ》とともに義弘の軍は包囲されたまま戦場に取り残された。この時、義弘が後方に逃げないで、徳川軍の中央めざして猛烈な突撃を敢行して血路をひらき、伊《い》勢路《せじ》に退いた行動は「島津の前退」として史上に名高い。

しかし、義弘は猛勇一点張りだけの武将ではない。九州の支配をかけて伊東氏や大友氏と戦った激戦地の木崎原や高城川原に、敵味方両軍の戦没者の冥福《めいふく》を祈る供養塔を建てたり、紀州高野山に供養碑を寄進して朝鮮の役における敵味方の霊を祀《まつ》ったり、また愛馬膝《ひざ》栗毛《くりげ》を大隅《おおすみ》の亀泉院に葬り、石碑を建ててその死を弔ったりした逸話など、その猛勇ぶりとはまったく正反対なほど、ヒューマニズムにあふれた逸話が多い。

猛将義弘は、家臣の心をよくつかんでいた武将でもあった。家臣の子供がはじめて御目《おめ》見得《みえ》する際、奏者が誰某《だれそれ》の子というと、お前は父に似ているので、その父に劣らぬ働きをするであろう――と聞かせ、手柄のない者の子に対しては、その方の父は心掛けてはいるが不運にして手柄がなかった。しかしお前は父に勝《まさ》る様子であるから、きっと立派な働きをするであろう――と、一人ずつに声をかけることが常であったという。

また義弘には、戦死した勇士の子で、母のいいつけをよく聞いて門口《かどぐち》の掃除に精を出していた子を誉めて小姓に取り立てたり、慶長の役の際、南安の戦いで奮闘して瀕死《ひんし》の重傷を負った家臣をみずからの膝《ひざ》を枕《まくら》に薬を与えて介抱し、蘇生《そせい》させたという話もある。こうした逸話にも、家臣への気配りと、こうした主君に対する家臣達の心情を察することができよう。

ところで、概して戦国武将は学芸・教養豊かなものが多いが、中にはことさらに文化人を装ったにわか大名もいる。しかし島津氏などはさすがに、鎌倉時代以来の守護職を誇る名門の大名家であるだけに、文化的教養にも、つけ焼刃ではない伝統的な重みが感じられる。

兄の義久は細川幽斎に古今伝授を受けたほどの歌人として知られているが、弟の義弘も近衛前久に書道と和歌を学び、また古典をも愛読した好学の士であった。朝鮮へ渡海の際にも『古今和歌集』『千載集《せんざいしゅう》』『拾遺集《しゅういしゅう》』などの歌書やその他、『論語』をはじめとする漢籍までをも携帯し、軍務の暇をみつけてはそれらの書物に親しみ、また和歌を詠じて軍旅の辛労を慰めていたのである。島津家には近衛前久が朱を加えた義弘の書や、彼が朝鮮に携《たずさ》えた書籍の数々が伝存しているという。この手紙からも、異郷の戦地にあって、一人悠々《ゆうゆう》と詠歌《えいか》を楽しむ文武兼備の武将義弘の姿が想像されるであろう。

義弘は、かの関ケ原における「前退」ののち、謹慎して処罰を覚悟していたが、慶長七年（一六〇二）、赦《ゆる》されて島津氏の本領は安堵《あんど》された。かつて島津氏は、関白秀吉に抵抗して征伐を受けながら領国を安堵され、さらに家康に敵対しながら無疵《むきず》のまま家を保ったのである。じつに不思議なことだ。これも、ひとえに義弘の勇猛ぶりによるものであろう。

その後間もなく、義弘は家督を子家久に譲り、大隅国加治木《かじき》に隠居し、元和《げんな》五年（一六一九）七月二十一日、八十五歳で没している。十三人の殉死者があったといわれる。

毛利輝元

天文二十二年（一五五三）―寛永二年（一六二五）

家伝の名刀を差し出せ

物質欲は人間の本能である。古美術蒐集《しゅうしゅう》にこりだすと、誰しも醜《みにく》さをさらけ出す。民主的な現代社会でも、金力、権力にまかせて名品集めを行う話をしばしば耳にするから、武力がものをいった戦国時代はもっとすさまじかった。

文禄《ぶんろく》四年（一五九五）のこと、毛利輝元は、家臣の児玉元兼《こだまもとかね》に宛てて次のような手紙を書いた。

其《そ》の方所持の正宗の脇指《わきざし》、石田治部少輔《じぶのしょう》殿より所望につきて、差し上げ候。先年吉光《よしみつ》の脇指、これ又太閤《たいこう》様へ進上候。両度も重宝共用に立て候段、祝着《しゅうちゃく》に候。然《しか》らば石州出羽の内、児玉又兵衛尉に先給の百石の事遣はし置き候。委細之趣《おもむき》、この者申すべく候なり。

（文禄四年）十一月廿八日　（毛利輝元）花押

（元兼）児玉若狭守とのへ

（萩藩閥閲録）

文意は、お前の所持していた正宗作の脇差を、石田三成から所望されたので差し上げた。先年は吉光作の脇差を太閤秀吉様へ進上、二度にわたって重宝を用に立てられ、誠に喜ばしいことだ。そこで石見《いわみ》国の出羽のうちのかつて児玉又兵衛尉が領していた百石の地を与えよう。委細はこの手紙を持参した使者が申すであろう——というものである。

児玉氏は、もとは武蔵《むさし》国児玉《こだま》郡を本貫《ほんかん》（出身地）とする関東の有力豪族であったが、鎌倉時代のはじめに、安芸国加茂《かも》郡高屋荘、同国豊田郡上・下竹仁村の地頭職を得たことから一族が移住し、安芸国御家人として土着した。そして戦国期に入り、毛利氏の発展とともにその麾下《きか》となり、就忠《なりただ》は毛利氏の奉行人に列して元就《もとなり》の側近として活躍した。その頃の児玉氏は、四郎兵衛家、三郎右衛門家、勘兵衛家他、数家に分かれていた。この手紙の宛名の元兼は三郎右衛門家の出で、就忠の孫にあたり、彼も奉行職に加えられていた。

児玉元兼が召し上げられた脇差の正宗は、いうまでもなく鎌倉末期の刀工で、鎌倉に住み、いわゆる相州伝の一派を開いて無比の名匠と称せられた五郎正宗作であり、吉光は通称藤四郎といい、鎌倉末期の山城粟田口《あわたぐち》の名匠として知られた刀工の作になるものである。

また元兼がもらった石見国出羽の百石の地は「児玉又兵衛尉」とあるから、四郎兵衛家もしくは勘兵衛家が領していた児玉氏ゆかりの土地であったのだろう。

毛利家臣の児玉家には、この手紙とともに文禄四年の名刀正宗差し出しに関する五通の関連文書が伝えられていた。これらによれば、同年の五月頃のこと、児玉元兼が秘蔵していた正宗作の脇差のことを伝え聞いた太閤秀吉の近臣石田三成から、元兼の主君輝元を通して、脇差を秀吉に進上するよう申し入れてきた。

しかし元兼は、この手紙にもみえるようにかつて吉光の脇差を召し上げられたこともあるので、この申し入れを不愉快に思い、差し出しを渋っていた。二か月ほど過ぎても元兼から何の返事もないことを心配した輝元は、元兼の友人である佐世元嘉《もとよし》からも、元兼に正宗の差し出しを説得させ、みずからも手紙を重ねて、三成からしきりに催促されている、もし立腹させて、もう要らぬなどと怒らせてしまったら大変なことだ、どうか差し出してほしい。褒美に百石加増しよう――などと元兼にいっている。

主君輝元の再三にわたる命令を拒みきれなくなった元兼は、不承不承ながら愛刀正宗を手放したのである。九月のはじめのことであった。それから約二か月後、元兼の脇差進上に対して、約束どおり百石を与えた時の宛行伏《あてがいじょう》がこの手紙である。

頼りない三代目

信長や秀吉は、公家衆や諸大名、数奇者の豪商が所持する名宝を知ると、これを取り上げ同然に寄贈させた。かくて高僧の墨蹟《ぼくせき》や絵、唐物の陶磁器をはじめ太刀・刀や甲冑《かっちゅう》にいたるまで、天下の名品は権力者のもとに集められた。

信長のために付藻《つくも》の茶入《ちゃいれ》に吉光と不動国行《ふどうくにゆき》の太刀を召し上げられ、さらに平蜘蛛《ひらぐも》の茶釜《ちゃがま》の差し出しをも強要された松永弾正久秀が、これを拒んで釜もろとも自爆して果てた話があるが、秘蔵の正宗を取り上げられた時の児玉元兼の無念な心境は、取り上げられる宝など一つももたないわれわれにも容易に想像できるであろう。

時の権力者の御機嫌を取るために、名品集めのコレクションに心をつかって奔走する石田三成のような太鼓持ちはいつの世にもおり、またその醜い物欲の犠牲となった人々も多かろう。それにしても、自分の家臣の愛蔵品を権力者からの要求とはいえ、なす術《すべ》もなく手をこまねき、それどころか、かえって毛利の安泰と喜んでいるような主君をもった家来はじつに気の毒だ。献身的な忠誠をつくす気持ちなど、到底起こるまい。

輝元の祖父元就《もとなり》は、芸州《げいしゅう》吉田の一豪族から身を起こして、中国地方の覇者《はしゃ》となった。しかし自分の築き上げた毛利の家の将来には一抹の不安を抱いていた。世に知られる三本の矢の教訓は後世に中華種の借り物をもとにして作られたエピソードにすぎないが、凡庸な孫輝元に嘆き、毛利の行く末を思うにつけ他家へ養子に行った子供達の力を頼りにしたかったにちがいない。

輝元の非力さと毛利家の末路は、元就が案じたとおりであった。この児玉正宗召し上げの一件のあった文禄四年（一五九五）といえば、秀吉の晩年期にあたる。輝元とて、間もなく定められる豊臣家五大老の一人に入れられるほど、毛利の領国は大きかった。だがその大国毛利の当主輝元は、いつも秀吉の近臣石田三成の機嫌取りにビクビクしている小心者であった。そして、秀吉の死後間もなく起こった関ヶ原合戦では、天下の形勢を的確に観望できず、まごまごしている間に西軍の総大将にまつり上げられてしまった。もとより人心を収攬《しゅうらん》する人間的魅力があるわけではない。全軍を総帥《そうすい》する大将としての器量をもたぬ輝元のこと、無残な敗北に終わり、その重き責任をのみ追及された。そして、戦後の処分により、輝元は備後《びんご》・備中《びっちゅう》・安芸《あき》・因幡《いなば》・伯耆《ほうき》・出雲《いずも》・隠岐《おき》・石見《いわみ》の八か国を削られ、周防《すおう》・長門《ながと》の二か国だけを与えられ、百二十万五千石を誇った巨大な領国も、わずか三十六万九千石に転落したのであった。

鼻毛をのばした阿呆《あほう》な殿様が罷《まか》り通ったのは幕藩体制が固まった太平の世の江戸時代のこと、実力がものをいった戦国時代に、愚かな三代目は通用しなかった。現代社会も実力主義がとなえられ、無力な三代目では世間が認めない時代である。その点、戦国時代とじつによく似ている。

浅野幸長

天正四年（一五七六）―慶長十八年（一六一三）

鉄砲の師に感謝

浅野幸長《よしなが》は五奉行の筆頭といわれた浅野長政の長男で、細川忠興・蜂須賀家政・福島正則・藤堂高虎・黒田長政・加藤清正らとともに、豊臣家七将の一人に数えられている。

差出人の名が記されていないが、次の手紙は『浅野家文書』に収められている幸長の書状の案文《あんもん》、つまり控えとして残されたもので、和流砲術稲富《いなとみ》流の祖として知られる稲富祐《すけ》直《なお》に与えられた一通である。

これは幸長が、加藤清正とともに、明《みん》・朝鮮連合軍の攻囲に対して、壮絶な死闘を行った、史上名高い蔚山籠城戦《うるさんろうじょうせん》の直後に朝鮮の地で書いたものである。

態啓《わざとけい》せしめ候。今度うるさん(蔚山)表へ、大明人《たいみん》極月《ごくげつ》廿二日ニ数十万人取り寄せ、廿三日より正月四日迄《まで》、昼夜入れ替り責め候へ共、加主計(加藤清正)と申し談じ、堅固ニ相抱《あいかか》へ、下々《しもじも》の儀ハ申すに及ばず、自身手を砕《くだ》きて相動《あいはたら》き、敵勢手《て》負死人《おいしにびと》、その数をも知れず仕出す《す》ニ付て、同四日巳《み》の刻ニ引退き申し候。数年貴所へ稽古《けいこ》仕つり候鉄炮《てっぽう》の故《ゆえ》を以て、数多《た》打ち申し、唐、高麗《こうらい》までの鉄炮の覚へを取り申し候。日比《ごろ》拙子鉄炮の故を以て、家中下々《しもじも》までもたしなみ、右の仕合せニ候。貴殿への御礼の事、中〱申し得ず候。猶《なお》爰元《ここもと》の様子、何事も兵作《ひょうさく》申し入るべく候間、具《つぶさ》にせず候。恐々謹言。

（慶長三年）正月十日

（稲富）いなとみ殿

（浅野家文書）

文意は、ことさらに申し上げる次第です。今度蔚山《うるさん》の地へ、大明人の兵が十二月二十二日に数十万も攻め寄せ、二十三日より翌年の正月四日まで、昼も夜も入れ替わり攻め寄せてきたが、加藤主計頭《かずえのかみ》清正と相談して堅固に守り、部下は申すに及ばず、幸長自身も手をつくして働いた。敵勢はおびただしい負傷者と死者を出し、正月四日の巳《み》の刻（午前十時頃）に退却した。数年貴殿のもとで稽古《けいこ》した鉄砲をもって多数の敵を倒し、明や朝鮮まで鉄砲の評判を高くいたした。日頃拙者が鉄砲を撃つので、家中の下々までがこれにならって嗜《たしな》んでいたことが、このような戦果を収めることができたもとである。貴殿に対しては御礼の言葉もござらぬ。なお、当地の様子については、何事も家臣の神部兵作が申すであろうから、細かいことは省略する——というものである。

蔚山籠城戦は、文中にもみえるように、慶長《けいちょう》二年（一五九七）の十二月二十二日から翌年の正月四日までの十三日間にわたって行われた攻防戦である。蔚山城は慶尚道《けいしょうどう》の沿岸に位置し、朝鮮における日本軍の最も重要な基地の一つであった。そこで朝鮮は明の援軍とともに蔚山撃滅をはかって攻め寄せたのである。その軍勢は「数十万」とは少々オーバーにすぎるが、それでも明軍五万七千、朝鮮軍一万二千五百、合わせて約七万に及ぶ大軍であったという。

これに対して蔚山籠城の日本軍は二万余、昼夜の区別なく襲来する明・朝鮮軍の猛攻と、食糧の欠乏に苦しみながらも勇戦し、敵軍が、毛利秀元・鍋島直茂・黒田長政らの率いる一万三千余の援軍到来に驚いて退却した正月四日まで、約半月にわたる死闘をきり抜けた。

鉄砲の稽古にはげむ大名

ところで文禄《ぶんろく》・慶長の役は、日本武将の戦法と大陸戦法との他流試合であったともいえる。イエズス会宣教師ルイス・フロイスは一五九二年の書簡において、文禄の役における日本軍の速攻は、朝鮮人の想像さえしていなかった鉄砲を有していたからであると評しているが、慶長の役の蔚山籠城でも、日本軍は鉄砲の威力を発揮している。この戦いにおける朝鮮軍の死者は二万にのぼり、遺棄死体は一万三百八十六を数えたという。

ポルトガル人によって種子島《たねがしま》に鉄砲が伝えられたのは天文《てんぶん》十二年（一五四三）であるが、それ以前にすでに中国には鋳銅《ちゅうどう》製の手銃があったし、南蛮人も来ていたから、鉄砲について明や朝鮮軍が無知であったとは思えない。しかし日本の戦国大名らは、またたく間に鉄砲と火薬の製法を学んで、新兵器として活用することに成功したのである。

織田信長が長篠《ながしの》合戦ではじめて鉄砲の組織的活用を行ったのは天正《てんしょう》三年（一五七五）だが、それから十数年後の文禄・慶長の役の頃には、鉄砲はすっかり主力武器となっていた。幸長は、家中の下々までが嗜《たしな》んでいると記しているから、浅野軍もおそらく数千挺《ちょう》の鉄砲を備えていたにちがいない。

幸長が鉄砲を学んだ稲富祐直は、鉄砲戦がさかんになった安土《あづち》・桃山期における著名な砲術家である。砲術とは、火砲すなわち鉄砲や大砲の取り扱い、射撃、火薬調合などを内容とする武術の一つである。西洋には、射撃の専門家、教官といったものはあるが、いわゆる砲術といわれるようなものは存在しなかった。しかし日本では、鉄砲伝来からわずか数十年のうちに西洋にない砲術という技芸が発生した。祐直の稲富流は、津田流、自由斎流とともに、その初期の流派の一つである。当時祐直は細川忠興の家臣であったが、鉄砲の名手として知られ、幸長の他、加藤清正・井伊直政らをはじめとする諸大名たちも門下に名をつらねていた。

蔚山籠城戦が苦しいものであっただけに、その勝利をもたらした鉄砲の師祐直に対して、一刻も早く感謝の意をあらわしたかったのであろう。この手紙を書いたのは戦闘終了の六日後である。

なお、幸長と祐直との交流はその後も続いている。関ヶ原合戦の直後、祐直が主君細川忠興の怒りを受けて殺されそうになった時も、幸長は同門の井伊直政とともに恩師祐直の助命のために奔走している。

幸長らのとりなしによって罪を赦《ゆる》された祐直は、剃髪して一夢《いちむ》と号し、忠興の家臣にもどった。が、間もなく細川家を致仕《ちし》して家康の四子松平忠吉《ただよし》に招かれ、忠吉の死後、家康の直臣となって幕府の鉄砲政策に尽力し、慶長十六年（一六一一）に没した。幸長もその二年後の同十八年八月二十五日、三十八歳で死んでいる。

Ⅳ　徳川政権の確立——関ヶ原と大坂の陣

細川幽斎

天文三年（一五三四）―慶長十五年（一六一〇）

籠城に際して歌道の秘伝書を献上

秀吉の死後、天下取りへの道は、徳川家康の前に大きく開かれた。天下分け目といわれる関ヶ原合戦に向けて、諸大名たちは己《おのれ》の進むべき方向を模索することになる。

慶長《けいちょう》五年（一六〇〇）七月、細川幽斎の居城、丹後《たんご》の田辺城は、石田三成の命を受けた丹波《たんば》・但馬《たじま》の将兵に包囲された。三成は上杉景勝征伐のために奥州・会津へ向かって東下した徳川家康の隙《すき》をねらって、打倒家康の兵を挙げると同時に、上方《かみがた》周辺における反石田の態度を示す諸将の城の攻略にかかった。

田辺城は、幽斎の子細川忠興の支城の一つであるが、忠興が家康に従って東下したあと、父幽斎がわずか五百の兵とともに城番に残っていた。石田方としては、この城を占領しておかないと、西軍の大部分が伊勢《いせ》・美濃《みの》方面に進出したあと、背後を衝《つ》かれる心配があったのだ。小野木公郷《きみさと》の率いる一万五千の兵が、田辺城を包囲したのは七月二十二日のことである。これより約一か月半余り、田辺城は包囲軍の放つ矢玉の雨にさらされた。

細川幽斎といえば、三条西実枝《さねき》から古今伝授を受け、歌学の正統を伝える歌人として名高かった人物である。そこでこの田辺城攻防戦においても、いかにも超一流の文化人らしいエピソードがついている。

この時、八条宮智仁《としひと》親王が、万が一、幽斎が戦死したならば、幽斎の相伝した古今伝授が永久に滅び絶えるであろうと憂慮し、使者を派遣して幽斎に開城を勧告した。しかし幽斎は勧告を辞退し、使者の東条紀伊守行長に対して、朝廷に献上するための歌道の秘巻に添えて、次のような手紙を書き送った。

去る廿七日の御折紙《おんおりがみ》、今日二日に相届き、披見せしめ候。世上の事、余りに不慮共存ぜず候。今更申す段も事旧《ふる》び候へ共、信長の御代《みよ》、太閤様の御時、似合の忠節を致し、近年に至り御懇《ねんごろ》の御事共、秀頼様に対し奉り、何を以て疎略に致すべく候哉《や》。此《こ》の度越《えっちゅう》中関東出陣の段、内府《ないふ》世間御後見の為《ため》に候歟《か》。是《こ》れ又、奉公と存じ候処に、案外の躰《てい》、是非に及ばず候。一両日以前に八条殿より御侍衆、徳善院の案内者を随《したが》へ相添へ候。則《すなわ》ち古今相伝の箱、証明状、歌一首、

いにしへも今もかはらぬよの中に心のたねを残すことのは

此の短冊幷《ならび》に源氏抄箱一、廿一代集禁裏様へ進上候。此《こ》の外、智音《ちいん》衆へ草紙箱一二上《たてまつ》り候。存分に存じ残す事これ無く候。満足せしめ候。只今《ただいま》手前に入る儀に候間。兎角《とかく》申し難く候。連々《れんれん》御目に懸けられ、

御残《なご》り多し。御奉行衆へも此《こ》の通り仰せられ候ひて給はるべく候。此の外は申さず候。
恐々謹言。
(慶長五年)八月三日　　幽斎玄旨《げんし》
東条(行長)紀伊守殿
御返報
(酒井忠正氏旧蔵文書)

文意は、去る二十七日付けの御折紙が、今日二日に届きましたので拝見しました。世の中の事はそれほど意外とは思いませぬ。今さら申し上げるのも古くさいようですが、自分は信長の御代、太閤《たいこう》秀吉様の御時を通じて相応の忠節をいたし、近年には昵懇《じっこん》の間柄になったのですから、太閤様の遺児である秀頼様に対して、どうしておろそかにするわけがありましょうか。このたび倅《せがれ》の越中守（忠興）が関東に出陣したことは、徳川内大臣家康が天下の政治の御後見をなさっているからでしょうか。これもまた奉公のうちと思っておりましたところ案外の有様で、致しかたない次第です。一両日以前に八条宮（智仁《としひと》親王）から御侍衆が、徳善院（前田玄以）の案内の者を従えて到来されたので、次の品々を添えました。すなわち、古今集相伝を納めた箱と証明状、和歌一首――いにしえも今もかわらぬ世の中に心のたねを残すことのは――、この和歌の短冊《たんざく》と、それに『源氏物語』の入った一箱、『二十一代集』などを、禁裏様（皇居）へ進上いたしました。この他、知人の方々へ草紙の入った箱を一、二進呈いたしました。もはやこの世に思い残すことはありません。満足です。只今《ただいま》のことも手前事、とやかく申しますまい。いろいろ御配慮いただき、お名残り惜しいことです。豊臣家の御奉行衆へもこのとおりお伝え願いたい。この他のことは申しませぬ──というものである。

身を助ける多種多芸

つまりこれは、八条宮智仁親王の開城勧告を辞退した幽斎が、使者の東条行長に自分の胸中を述べるとともに、朝廷に献上する歌道の秘書などを託した手紙である。

ところがその後、後陽成《ごようぜい》天皇の勅使として権大納言烏丸光宣《からすまみつのぶ》、前大納言中院通勝《なかのいんみちかつ》らが、前田玄以の養子前田茂勝を従えて田辺に到着、幽斎は文武両道に秀で、ことに禁中において伝統が絶えた『古今和歌集』の秘訣を伝えた帝王の師範、歌道の国師とも称すべき士である。もし幽斎がここでいのちを落とすことがあれば、『古今集』秘事の伝統は永遠に絶えることであろう。すみやかに田辺城の囲みを解くべし──と西軍を説諭した。西軍の諸将は、勅命を奉じてただちに兵を収めたので、勅使は前田茂勝を先頭として田辺城に入り、さらに叡旨《えいし》（天皇のおおせ）を伝えた。幽斎も勅命を畏《かしこ》み、城を茂勝に明け渡した。九月三日のことである。天下分け目の関ヶ原合戦はそれから十二日後の十五日に行われた。

幽斎は、和歌、連歌の道に達し、また茶道、料理、音曲、能楽、刀剣、弓馬術、有職故実《ゆうそくこじつ》など、あらゆる学術芸能の極致をきわめた戦国期における屈指の文化人として知られている。その学才ゆえに、天子から死を惜しまれる。なんとも奥床しい話であるが、幽斎は和歌連歌にふけり、名物茶器を愛玩《あいがん》しているだけの自称文化人ではなかった。それは、かつては足利義昭を奉ずる幕臣でありながら、その後、信長、秀吉、家康と、つねに時世の流れを的確にとらえ、肥後《ひご》熊本五十四万石の基《もとい》を築いた彼の処世術をみてもうかがえよう。

幽斎の教訓の和歌として「武士《もののふ》の知らぬは恥ぞ馬茶の湯はじより外に恥はなきもの」「歌連歌乱舞茶の湯を嫌ふ人そだちのほどを知られこそすれ」というのがある。武士が遊芸にふけることを戒めたものは多いが、馬と茶の湯を知らぬは武士の恥、歌連歌、舞、茶の湯を嫌うのは育ちが悪い、などといいきった武将は、幽斎の他にはあまり例がない。文武兼備を武士の本分と考えていたインテリ武将幽斎の面目が躍如《やくじょ》としている。

文武を兼備して、ともに一流に達するほどの人物であったからこそ、常に先を読み、戦国の世にお家の安泰を守り得たのであろう。幽斎は慶長十五年（一六一〇）八月二十日、京都で病死した。享年七十七。

石田三成

永禄三年（一五六〇）－慶長五年（一六〇〇）

西軍への参加を呼び掛ける

石田三成らの西軍が、家康打倒のための挙兵計画を行動に移したのは、慶長《けいちょう》五年（一六〇〇）六月下旬、すなわち家康が会津征伐のために伏見《ふしみ》を発《た》って東下していった直後のことであった。そして七月十三日、三成は宇喜多秀家らと相談の結果、毛利輝元を西軍の総大将と定めて大坂城西の丸に入れるとともに、家康の罪状十三か条を列挙した条書に、前田玄以・増田《ました》長盛・長束《なつか》正家の三奉行の連署になる檄文《げきぶん》を添えて諸大名に公布した。またこれと同時に主将の石田三成も、知己の諸大名に密書を送って味方を募《つの》った。

次の手紙は、そうした時期に、三成が信州の真田《さなだ》昌幸・信幸・信繁（幸村）父子に宛てて、上方《かみがた》における情勢を報じ、協力を呼び掛けたものである。

態《わざ》と申し入れ候。

一、此《こ》の飛脚ぬまた（沼田）越えに、会津へ御通し候て然《しか》るべく候。自然ぬまた・会津の間に他領候て、六ケ敷《むずしき》儀これある共、人数を立て候て成り共、そくたくに成り共（嘱託）、御馳《ごち》走《そう》候て、御通し有るべく候。
一、先書にも申され候ごとく、貴殿事は、小室(小諸)・ふかせ(深志)・川中島・諏訪の儀、貴殿へ仰せ付けられ候間、御仕置あるべく候。成るべき程の行《てだて》此の時に候事。
一、とかく物書共、城々へ罷《まか》り帰らず候。御才覚肝要に候事。
一、会津山早々関東面へ、佐竹に仰せ談ぜられ、行《てだて》に及ばるべき候由申し遣はし、貴殿よりも御入魂《じっこん》候て、仰せ遣はさるべく候事。
一、越後よりも、無二に秀頼様へ御奉公申すべき旨、申し越し候て、妻子も上方《かみがた》ニこれある事に候条、偽《いつわり》もこれあるまじく候。羽肥前(前田利長)儀、母を江戸へ遣はす故に候か、いまだむさとしたる返事に候。剰《あまつさ》へ無二に上方へ御奉公申し候羽柴五郎左(丹羽長重)へ手前の人数を出し候て、越後より越中へ人数を遣はさるべき由を申し越し候。定めて相違あるまじく候事。
一、関東へ下る上方勢、漸《ようや》く尾《び》・三《さん》の内へ上り、御理《ことわ》り申す半ばニ候。それぐ\に承はり候儀、究《きわ》め候て相済み候事。
一、先書にも申し候伏見の儀、内府(家康)御留守居として、鳥居彦右衛門・松平主殿《とのも》・内藤弥二右衛門父子、千八百余騎楯籠《たてこも》り候。去月十九日より取巻き、当月朔日未《ついたちひつじ》の刻無理に四方より乗込み候が為《ため》、一人も残らず討果し候。大将鳥居が首は、御鉄砲頭鈴木孫三郎討捕り候。然《しか》て城内悉《ことごと》く火をかけ、やきうちにいたし候。鳥居彦右衛門は、石垣を伝ひ逃げ候由に候。誠か程成る儀、即座に乗崩し候。人間のわざにてこれ無しと各申し入れ候事。

一、先書にも申し候丹後《たんご》の儀、一国平均ニ申し付け候。幽斎儀ハ一命を助け、高野へ住居候分ニ相済し申し候。長岡越中妻子ハ、召置かるべく候由申し候処に、留守居の者間違へ、生害仕り候と存じ、指殺し大坂の家ニ火をかけ相果て候事。

一、備への人数書、御披見の為《ため》進め候。此《こ》の方の儀、御心安かるべく候。此の節其の方儀、公儀え御奉公、国数御拝領あるべき儀、天のあたふる儀に候間、御油断あるまじき事。

一、拙者儀、先に尾州表へ岐阜中納言と申談じ、人数を出し候。福島左大只今《ただいま》御理り申す半ばに候。相済むにおゐては、三州表へ打出るべく候。若し相済まずにおゐては、清須《きよす》口、勢州口一所に成り候て行《てだて》に及ぶべく候。猶《なお》吉事申し承はるべく候。

恐々謹言。

慶長五年

八月五日　三成　花押

真田房州

同　豆州

同左衛門佐

（古今消息集）

人々御中

宛名の真田房州《ぼうしゅう》は安房守《あわのかみ》昌幸、同豆州《ずしゅう》はその長子伊豆守信幸、同左衛門佐《さえもんのすけ》は次子信繁である。三成がこの手紙を書いた八月五日頃といえば、挙兵から約一か月後、西軍は家康の伏見城、富田氏の伊勢安濃津《あのつ》城、古田氏の伊勢松坂城、細川氏の丹後《たんご》田辺城など、東軍方についた諸将の城を攻め、数日前の八月一日には、伏見城を陥落させていた。わざわざ申し入れるという書き出しに始まるこの手紙は、一つ書で十箇条を書き列ねている。長文ではあるが、解説を加えながら大意を述べよう。

一、この飛脚の使者を沼田越えで会津へ通していただきたい。沼田・会津の間に他領があって問題があれば、護衛の人数をつけるなり依頼をするなりして便宜をはかってほしい。沼田は真田の領地内で、信幸の居城のある所。そして会津は上杉景勝の領地である。この真田へ遣わされた飛脚は、ついでに上杉への使いをも命じられていたのであろう。

一、先書にも申したように、貴殿の真田家には小諸以下上田近辺の地を与えるつもりであるから、軍事行動を起こすのはこの時である。

一、物書きの右筆《ゆうひつ》が帰城していないので、才覚が肝要である。この項はわかりにくいが、この手紙が正式の右筆の作文でないので、推量の上読んでほしいといっているのであろう。

一、会津の上杉や関東の佐竹に対して軍事行動に及ぶよう通報しているが、さらに貴殿よりも念を押してもらいたい。

一、越後の諸将からも秀頼様へ御奉公する由を申してきた、妻子らを上方《かみがた》に置いているゆえ、偽りもあるまい。前田利長《としなが》はその母芳春院《ほうしゅんいん》（前田利家後室）を江戸に人質として置かされているためか、無分別な行動をとり、そればかりか丹羽《にわ》長重（加賀小松城主）を圧迫しようとしている。

一、家康の会津遠征に従軍した上方勢が、ようやく尾張《おわり》・三河《みかわ》のうちへ上ってきたので、交渉中である。この上方勢とは福島正則・黒田長政・加藤嘉明《よしあき》をはじめとする豊臣恩顧の大名を指しているのであろう。彼らはやがて織田秀信の岐阜城に猛攻を加え、八月二十三日にこれを攻落することになる。

一、徳川氏の伏見城には、家康の留守居として鳥居元忠・松平家忠・内藤家長父子ら千八百余が立て籠《こも》っていたが、去る七月十九日よりこれを包囲し、八月一日に攻落した。

一、細川氏の領国の丹後は平定し、幽斎は高野山へ追放することにした。また長岡（細川）忠興室のガラシアは、身柄を拘束しようとしたところ、留守居の者が誤解して殺してしまった。この箇条は事実に誤りがあるが、宣伝文句のようである。この時点では丹後一国はいまだ平定されておらず、幽斎も田辺城に籠城中《ろうじょう》であった。またガラシアの死についても、自己弁護をしているようである。
一、西軍の備えの人数書を御覧に入れよう。当方は堅固であるから安心されたい。貴殿の豊臣家への御奉公、領国をふやす機会はこの時、御油断なきように。
一、拙者(三成)は先に岐阜の織田秀信と相談して尾張方面へ兵を動かした。福島左衛門大夫正則とは交渉中で、その態度の如何《いかん》によって決着をつける。吉事を申しうけたまわりたい。——というものである。

人間的な温かさにかけたエリート

他の武将にも似た例があるように、徳川に反抗した者は、江戸時代を通じて、学者の史書はもちろん、講談本の中でも、だいぶ損をしている。しかし三成が巷間《こうかん》に伝えられるような柔弱な男ではなかったことはもちろんである。豊臣恩顧の大名のうち、結局、徳川に屈服していった者の多い中で、敢然と家康に刃向かっていったことは、どうしてなまなかの武辺者ではない。けれども、関ケ原合戦における西軍の敗北は、やはり三成の性格的な欠陥が大きく作用していたように思われる。

三成は太閤秀吉に才気を愛され、それこそエリートコースを歩んで出世をした能吏である。正義感が強く、また秀吉に対して信仰的ともいえるほどの尊崇の念を抱いていた。そしてこの戦争のために、すべてをなげうってのぞんでいた。しかし、西軍陣営に参加していた諸将が、みなこの三成と同じような感情を抱いていたわけではなかった。

　ところが三成は、こうして集まってきた諸将はみな自分と同様に、献身的に豊臣家のために家康と戦うべきであると考えていたようである。西軍に加わっている諸将の中には、三成に対して反感を抱いていた武将たちも少なくはない。が、それさえも意に介しようとはせず、太閤《たいこう》健在下における奉行の権威そのままに、いかにも感情的で押しつけがましい強引さをもって味方を募《つの》っていたのであった。このあたりは、秀吉の愛顧をかさに着て権力を握ってきた男の誤算であったといえよう。

　三成はクールな手腕家ではあったが、人間的な心の温かさに欠けていたようである。この真田父子宛ての書状の中で、秀頼様へ御奉公を申し出ている諸将の妻子らを上方に留めているからよもや偽りはなかろうといっているが、八月七日付けで常陸《ひたち》の佐竹義宣に送った書状の中でも「日本国諸侍の妻子をことごとく大坂に取り込めたから心配はない」といっている。さらに九月十二日付けで大坂城内の増田《ました》長盛に送った書状では、世間には大坂城に入れてある諸大名の人質に対する扱い方が寛大であるとの噂《うわさ》があるといって批判し、みせしめのために「敵方の妻子を五人か三人ほど殺せば人々の気持ちも改まるであろう」などと、なんとも非人道的なことをいっていたのである。

　こうした三成の人質に対する扱いをみると、いかにも冷酷な感じを受ける。三成には人間的な情愛の心が欠けていたのであろうか。それでは人心の掌握はできまい。人質に取ろうとした細川ガラシアを自害に追い込み、東軍諸将の憎悪の感情をより深くするという結果を招いたのも、そうした三成の心の冷たさに原因があったように思われる。

黒田官兵衛（如水）

天文十五年（一五四六）―慶長九年（一六〇四）

偽りの友情

慶長《けいちょう》五年（一六〇〇）の関ヶ原合戦は、天下分け目の戦いであっただけに、豊臣恩顧の諸大名はいずれも苦境に立たされた。わが身の安泰をはかって東軍につくか、あるいは故太閤への忠誠を守り抜いて西軍を選ぶか、その去就の選択に悩まされたのである。

こうした中にあって、いささかのためらいもみせず、むしろわが家興隆のチャンス到来とばかりにドライな行動をとった男がいる。それは黒田如水《じょすい》であった。

如水は剃髪前の名を官兵衛孝高《よしたか》といい、かつて秀吉の腹心の一人であったが、そのすぐれた才覚がかえって秀吉に恐れられ、豊前中津《ぶぜんなかつ》十二万石にとどめられていたという、いわくつきの人物である。若い頃、一年もの間、暗い土牢《つちろう》に押し込められた生活がもとで、皮膚に瘡《かさ》がとりつき、膝《ひざ》も曲がったままとなっていた。

秀吉死後、如水はその子甲斐守《かいのかみ》長政とともにいちはやく家康に心を寄せ、関ヶ原合戦には長政が徳川軍に従い、隠居の如水は大友吉統《よしむね》（義統）をはじめとする九州地方における石田方の勢力を一掃する戦功を挙げたのみならず、父子ともども毛利の部将吉川《きっかわ》広家と連絡をとり、西軍の雄毛利の軍勢を封じ込める大役をやってのけた。この功によって長政が筑前《ちくぜん》一国五十二万石を与えられ、黒田家は一躍外様の雄藩にのし上がったのであった。

如水・長政父子が交渉をもった吉川広家は元春の子、つまり元就の孫にあたる毛利の重臣であったが、当主輝元をあやつる安国寺恵瓊《えけい》と折り合いが悪く、恵瓊にそそのかされて大坂城に入り、西軍の総帥《そうすい》にまつり上げられてしまった輝元と毛利の行く末とを心配し、黒田父子に家康へのとりなしを依頼したのである。そうした広家に対して、如水は次のような手紙を書き送っている。

なほ〳〵、確かなる人御越し候へと、御留守中申し遣はし候間、御参り次第追ひ〳〵申し入るべく候。

去月《きよげつ》二十三日の御状、昨日拝見申し候。

一、天下の成行き是非に及ばず候。かやうあるべきと仰ぐ程に候。分別つかまつり候間、おどろき申さず候。

一、甲州の事御気遣ひなされ候よし、かたじけなく存じ候。

一、豊前《ぶぜん》の儀、少しの御気遣ひもなされまじく候。加藤主計《かずえ》と申し談じ候間、和泉《いずみ》より進まれ候て一合戦にて相済むべく候。

一、京の便、書状を進め候。相届くべく候。

一、今度弓矢成り立ち候まじきと存じ候。残り多く候。又弓矢に御なれ候衆、貴殿までさし申し候。
一、口上《こうじょう》にて申し候間、委《くわ》しからず候。
一、日本《ひのもと》何様《いかさま》に替はり候とも、貴殿と我等の半《なか》、替はり申すまじく候条、其《そ》の御心得候べく候。なほ追ひ〳〵申し入るべく候。恐惶謹言《きょうこうきんげん》。
（慶長五年）八月廿日　如水（花押）
広家様
貴報
（吉川家文書）

文意は、先月二十三日付けのお手紙を昨日拝見しました。天下の成り行きはどうにも致し方ない次第となった。しかし当方は覚悟をきめているから驚きもしませぬ。甲斐守長政のことを御心配下され、かたじけなく思っております。私のいる豊前国のことは少しも心配されるな。加藤主計頭清正と相談しているから貴方は和泉の国から進まれて一合戦すればすむことと思う。京都からの使者に託してこの手紙を進上する。届くことと思う。今度はおそらく合戦にはならないでしょう。残念な気もする。ともかく戦いになれた人たちを貴方へさし向けよう。使者の口上にまかせたから手紙には詳しく書かない。日本の国がどんなに変わっても、貴殿と拙者との間柄は変わりたくないので、そのつもりでいて下さい。なお追い追い申し上げよう。くれぐれも確かな人をよこしてほしいと貴殿の留守中に申し遣わしたので、その人が到着次第、追い追い申し上げよう——というのである。

文中にある去月すなわち七月二十三日付けの広家書状というのはみあたらないが、広家は輝元の大坂城入りが決定した七月十四日頃から、黒田長政や家康の重臣榊原《さかきばら》康政に対して、輝元の西軍参加は石田三成や安国寺恵瓊《えけい》の策略であり、本人の意思によるものではないことを力説する手紙を書いているから、これもおそらく同様のものであったと思われる。

のぞかれる寝業師の片鱗

如水は客将として家康に従軍している長政に、広家との交渉役をやらせた。長政は輝元の立場を釈明する広家の意思を家康に伝達するとともに、広家に対して、家康も輝元の行動は安国寺恵瓊らの画策によるものと了解され、怒りもすでにとけている——という手紙を送っている。

だが、じつはここには毛利をおさえて西軍を潰滅《かいめつ》させようという徳川方の巧妙な罠《わな》が仕組まれていたのであった。

広家は、長政をはじめ家康の側近からたびたび送られてくる輝元の無罪と、毛利の領国保障とを約束する手紙にすっかり安心した。そして西軍の仮面をかぶりながら極力毛利軍の動きをおさえることに奔走し、九月十五日の関ヶ原合戦でもついに兵を動かさなかったのである。

ところが、それから半月後の十月のはじめ、広家は相ついで届けられた黒田父子からの手紙を手にして愕然《がくぜん》とした。父子の手紙はいずれも、奸臣《かんしん》にあやつられた輝元は愚かであり、処分は免れまい──というものであった。

広家は懸命に嘆願を重ねたが、受けつけられなかった。そして十月十日には、輝元のもとに領国八か国のうちの六か国を没収するという家康の命令が伝えられたのである。

如水はそれから数年後の慶長九年の三月二十日、五十九歳で死んだが、その死後も、この手紙を与えて偽りの友情を誓った広家からは憎まれつづけたことであろう。

ところで、如水の出家剃髪前の名である官兵衛孝高といえば、秀吉の参謀とか軍師とかいわれた知恵者で、いかにも寝業師らしいエピソードが多い。たとえば天正十年（一五八二）六月、秀吉が備中高松城攻めの最中に本能寺における信長の死を知った時、官兵衛が秀吉に対して、この際博打を遊ばされよ。時機を失しては花見もできません──、といって秀吉を励まし、明智光秀討伐をすすめたという。

また文禄二年（一五九三）のこと、秀吉は近臣たちと談笑のたわむれに、わしの死後天下を狙える男は誰がいるか、遠慮なく申してみよ──、といった。その座では、徳川家康、前田利家、上杉景勝などの名があげられたが、秀吉は、官兵衛がおる——、といった。そしてさらにわずか十二万石で何ができるかと不審気な顔をしていた近臣に対して、官兵衛の知謀を語ったという。このことを伝え聞いた官兵衛は、すぐさま嫡子長政に家督を譲り、引退を表明した。身の危険を察知したからである。さすがは知恵者であった。

なお、如水が死にのぞんで長政に与えた訓戒状が残っているが、その中で、今わしが死ねば、わしの家中はもとよりお前の家臣の者も嘆くであろう。しかし逆にお前が死んでわしが生きていたら、如水公が健在ならば黒田の家も大丈夫と思うであろう。家臣らにそのように思われるのは、お前の日頃の心がけが悪いからだ。気をつけるように——と厳しいことをいっている。そして袱紗《ふくさ》に包んだ形見の品を与えたが、中に入っていたのは草履と木履《ぼくり》が片方ずつと溜塗《ためぬり》の弁当箱であった。いぶかる長政に対して如水は、分別が先に立つと大きな合戦はできない。お前は賢《かしこ》いので先がみえすぎて大きなことができぬ。弁当箱は兵士が上下の身分によらず用いるもの、無理をせずに兵糧《ひょうろう》を蓄えて大事の際に備えよ——と遺言したという。

加藤清正

永禄五年（一五六二）―慶長十六年（一六一一）

苦境に立つ友の身を案じる

己《おのれ》の遺恨や野望のための戦いならいざしらず、時流の中に、その去就の選択と参戦を強《し》いられ、戦場に向かわなければならないこともある。そして、親子、兄弟、互いに信じ合った友までが、敵味方に分かれて闘う時、いまひとつの戦争の悲劇が生まれる。

天下分け目の関ヶ原合戦の直後、加藤清正は、肥前《ひぜん》の佐賀城主鍋島《なべしま》勝茂の重臣、鍋島平五郎に宛てて、次のような手紙を書き送った。

以上

わざと飛脚にて申し入れ候。先度《せんど》佐賀において申しおき候趣《おもむき》、黒甲州《くろこうしゅう》に内談せしめ候ところ、坊主など一段然《しか》るべきの間、片時も急ぎ尤《もっとも》の由に候。其《そ》のため、かくの如《ごと》くに候。ついでに、惣《そう》人数は路次《ろじ》に残し置かれ、先《ま》ず、其の方まで此方《こなた》へ相越され、万《よろず》甲州へ御意《ぎょい》を得られ尤に候。恐々謹言。

（慶長五年）
十月九日　　　　加藤主計頭《かずえのかみ》清正（花押）

（古文書写鍋島主水差出）

鍋島平五郎殿
　御宿所

文意は、ことさらに飛脚をもって意見を申し入れる。先に佐賀において申しておいた趣旨について、黒田甲斐守長政と内談したところ、坊主になるのが最も適当らしいから、片時も急いで頭を丸めるのがよかろう。そのため、このような書状を遣わした次第である。ついでのことだが、貴殿の軍勢の総人数は道端に残しておいて、まず、そなたの身一つでこちらへやってきて、すべてのことについて黒田甲斐守の了解を得られるがよろしいであろう――というものである。一行目の「以上」というのは、文面はこれだけ、追伸もない――といった意味である。

宛名は側近の名になっているが、じつは鍋島勝茂に対して書いているのである。清正にとって、勝茂は心から信頼のおける友の一人であったらしい。文禄《ぶんろく》・慶長《けいちょう》の二度にわたる朝鮮との戦いにも、ともに異国の地で苦難を分かちあった戦友である。ことに、慶長二年の暮から翌年の正月にかけての蔚山籠城《うるさんろうじょう》戦は、清正には生涯忘れることのできない思い出だ。城の守りも、兵糧《ひょうろう》の準備も不十分なうちに、突如七万を超える明《みん》と朝鮮の連合軍に包囲され、「紙を嚙《か》みて饑《き》に充《あ》て、溺《にょう》を飲みて渇《かっ》を解《と》」くほど苦しみ、落城寸前にあった清正を救ってくれたのは、他でもない黒田長政と鍋島直茂・勝茂父子達であった。

それから三年余り、にわかに起こった関ヶ原合戦に際し、肥後《ひご》隈本《くまもと》城にあった清正は、東軍家康方に味方した。ところが勝茂は、石田三成挙兵の折り、上方《かみがた》にいあわせたため、家康方の伏見城攻めに加わり、関ヶ原における西軍の敗報を知ったのは、伊勢安濃津城攻めの陣中のこと。九月二十五日、伏見の家康に謁して罪を詫《わ》びたのであった。

勝茂は家康より罪を赦《ゆる》され、代わりに西軍についた筑後柳川城の立花宗茂《むねしげ》討伐を命じられた。しかし清正はなおも勝茂の身を案じ、家康の処罰を憂慮した。そして黒田長政とも相談した結果、今は西軍加担に対して自己批判の意を表するとともに、戦功をもって罪のあがないをすることが第一と判断し、勝茂に、剃髪と来陣をうながしたものと思われる。ここにみえる、先に佐賀において申しておいた趣旨というのも、この勝茂の、家康に対する謝意の表明と、汚名をそそぐための対策に他なるまい。その後間もなく始まった黒田・加藤らの柳川城包囲軍の中に、父直茂とともに采配《さいはい》をふる勝茂の顔もみえていた。

清正の処置が功を奏したのか勝茂は救われた。何の咎《とが》めもなく本領安堵《あんど》を受けた。戦後の論功行賞で、西軍加担の諸大名に峻厳《しゅんげん》であった家康も、清正がかばう勝茂を処罰しかねたのかもしれない。清正も、宇土《うと》の小西行長の没収地を加増され、旧領を合わせて五十二万石の大大名に封ぜられた。

耐えて生きることの苦しさ

関ヶ原合戦で、清正をはじめとする太閤秀吉子飼いの武将達が東軍に味方したことについて、豊臣家内部における石田三成らの奉行派との対立ということがいわれる。武将派と奉行派の対立というのは、今日でいう制服組と背広組の対立である。秀吉の立身出世にともなう豊臣氏の組織や構造の変化は、今日における会社や企業のそれにあてはめて考えれば理解しやすいであろう。

すなわち、織田の家臣として十二万石の長浜城主にあった頃までの秀吉は、いわば中小企業の社長といったところであり、みずから陣頭に立って諸事の運営にあたっていた。しかし大坂城に根拠を移してからの秀吉は、巨大なコンツェルンの総帥《そうすい》と同様、組織の頂点に立つリーダーの立場となった。業務の性格や内容も複雑多岐となり、これを処理するためには行政事務にすぐれた有能なテクノビューローを重用するようになった。石田三成らの奉行達が秀吉側近の行政官として活躍するようになったのも、かかる事情によるものであった。しかし彼ら背広組の台頭は、加藤清正のような槍《やり》一筋の戦功に生きてきた制服組の武将たちにとっては、なんとも我慢のならないところであったにちがいない。

武将派が家康についた理由のいまひとつに、百戦錬磨の武将だからこそ、将たる器《うつわ》としての家康の力量を見抜いたことも考えられないであろうか。勝つ戦争をやるのが戦《いくさ》上手。つまり、己《おのれ》よりもはるかにすぐれた家康の実力を認めざるを得なかったのである。それが実力主義の戦国の世のならいというもの。清正とて、秀吉の死後、豊臣家をないがしろにして、天下を思いのままにする家康の行為を快く思ってはいなかった。秀頼が二条城で家康と会見した時、清正は懐《ふところ》の短刀を握りしめながら秀頼のそばを離れなかったという話があるが、これこそ豊臣家を案ずる清正の姿であったにちがいない。

ここにみる清正は、あの賤ヶ岳《しずがたけ》七本槍《やり》の一人として、また虎退治の勇名高き豪将のイメージとはほど遠い、用心深くて小心な男の姿である。だが、乱世の武将にとっては、戦場のヒーローとなって死ぬより、生きることの方がむずかしかった。のちのことだが、『武徳大成記』に、幕府から外様大名達が名古屋城の修築を命じられた時、不平を洩《も》らした福島正則を、清正がたしなめた話がある。この時清正は、そんなにいやなら、ひとつここで謀叛《むほん》をしたらどうだ──といった。正則が返事につまったところ、清正は笑い出し、それなら不平をいわずにせっせと仕事をし、早く休むことにしよう──といって働き出したので、他の大名達もそれにつられて仕事に精を出したという。

こうした逸話の中にも、心の中で時勢を嘆きつつ、耐えしのんで生きねばならなかった清正の苦悩がわかるような気がする。同じ関ヶ原直後のこと、清正は西軍に属して禄を失った立花宗茂のために、屋敷を与えて厚遇しているが、この鍋島勝茂に対する処遇とともに、人情家清正の人柄がしのばれる。それにしても、好むと好まざるとにかかわらず、合戦を強《し》いられる戦国の世は無情だ。

真田昌幸

天文十六年（一五四七）―慶長十六年（一六一一）

胸中に秘めた思いを語りたい

慶長《けいちょう》五年（一六〇〇）の関ケ原合戦に際して、信濃《しなの》の大名真田《さなだ》氏では、父子・兄弟がそれぞれ敵味方に分かれて戦った。すなわち、昌幸《まさゆき》とその次男信繁《のぶしげ》（幸村）は西軍に、長男信幸《のぶゆき》（信之）は東軍徳川方に従った。そして昌幸・信繁父子は、石田三成の挙兵を知って東山道《とうさんどう》を西上する徳川秀忠の率いる三万八千の大軍を、わずか二千の兵をもって上田城にひきつけ、九月十五日の美濃《みの》関ケ原の決戦に遅刻させたことは、史上によく知られている。

しかし、天下分け目の決戦が西軍の惨敗に終わったため、昌幸は死罪に問われた。が、東軍に従った信幸が自己の恩賞と引き換えに父昌幸と弟信繁の助命を嘆願したため、父子は死を免れ、紀州高野山に追放された。

高野山に登った真田父子は、蓮華定院に入ったが、やがてその山麓《さんろく》の九度山《くどさん》村に屋敷を作って移り、昌幸はここで慶長十六年六月四日、六十五歳で没するまで十年余りの間、流《る》人《にん》としての日々を過ごした。

次の手紙は、安房守《あわのかみ》昌幸が、長男の伊豆守信幸に宛てて書いた自筆の書状である。日付の「卯《う》月廿七日」は慶長十六年の四月二十七日、その死の約ひと月ほど前のものである。

尚々《なおなお》、其《そ》の後御気相《きあい》如何《いかが》に候哉《や》、承はり候ひて飛脚を以て申し入れ候。我等命《いのち》の儀、分別致さざる病に候間、迷惑御察しあるべく候。何様《いかさま》使者を以て申し入るべく候。
以上。

態《わざ》と飛脚を以て申し入れ候。春中は、御煩《わずら》ひ散々の様に承はり候間、案じ入り候へ共、筆に尽くし難く存じ候処、御煩ひ御平癒《へいゆ》の由、御報に預り候ひつる間、満足これに過ぎず候。弥《いよいよ》御気相能《よ》く候由、目出此《こ》の事に候。申すに及ばず候へども、御油断なく御養生専一に候。然《しか》らば我等儀、去年の病気の如《ごと》く当年も煩ひ候間、迷惑御推量あるべく候。十余年存じ候儀も一度面上を遂げ候かと存じ候処に、只今《ただいま》の分は望み成り難く候。但し養生の儀油断なく致し候間、目出たく平癒致し、一度面談を遂ぐべく存じ候間、御心安かるべく候。恐々謹言。

安房昌幸（花押）

（慶長十六年）
卯《う》月廿七日

（伊豆守信幸）
豆州

参

（真田文書）

文意は、わざわざ飛脚をもって申し入れる。春のうちは、そなたの病気が重かったことを聞き及び、気にかけながらも、わが気持ちを筆にあらわせないでいたところ、御病気が平癒《へいゆ》されたという便りに接し、喜んでいる。いよいよ快方に向かっているとのこと何よりである。申すまでもないことであるが、注意を怠らず、養生に心掛けられたい。しからば私も、去年病気で過ごしたように、当年も病が抜けず、苦悩している気持ちは御推量いただけよう。十余年以来抱きつづけている心中を、一度お目にかかって陳述したいと思っているが、いまやその望みも達しがたい。ただし養生にはつとめ、めでたく平癒し、一度面談したいと考えているから御安心下され。なお、そなたのその後の病状はいかがですか。私の病気は生死の判断もわからぬような難病、この苦しみの胸中を察して下され。いろいろの事は使者が申すであろう——というものである。

この手紙は、昌幸が蟄居《ちっきょ》していた高野の山里から、信幸の病気を心配し、自分の病状のよくないことを報じたものであるが、文中で「十余年以来抱き続けている心中を一度会って陳述したい」といっているのは、あの関ヶ原合戦における真田父子・兄弟のとった奇妙な行動について語っているようで、いささか興味をひく。

成功した生き残り戦略

ところで慶長五年（一六〇〇）の七月、徳川家康の会津遠征に従い、下野《しもつけ》の犬伏《いぬぶし》で石田三成挙兵の報を受けた昌幸は、信幸、信繁兄弟に向背の道を自由に選ばせ、その結果、家康の近臣本多忠勝の娘をめとっていた信幸は東軍に属し、豊臣家の奉行大谷吉継の娘を妻とし、かつ三成とも親しかった信繁は、昌幸とともに西軍に味方をすることになったといわれている。

しかし、この関ヶ原における真田父子・兄弟の訣別《けつべつ》について、一方には、家を守るために意識的に敵味方に分かれたとみる考え方もある。「東西にみごろをわける真田縞《じま》」「たね銭（真田氏家紋）が関東方に残るなり」「銭づかひ上手にしたは安房守（昌幸）」これらの狂句も、同様の考え方から作られたものである。

たしかに昌幸の立場からみれば、こうした考え方にも納得がいく。もともと昌幸は、豊臣にも徳川にも、それほど恩顧を受けていたわけではなかった。真田氏は信濃佐久《さく》郡の小豪族であり、はじめ村上氏に属し、武田信玄の信濃侵略とともにこれに従い、さらに武田滅亡と同時に信長に通じ、その後も北条についたり、家康になびくといった狡猾《こうかつ》なまでの保身術をもって、戦国の世を巧みに生き抜いたのだ。

こうした昌幸の処世ぶりは、秀吉に「表裏比興《ひょうりひきょう》」とまでいわせている。「表裏」は謀叛《むほん》、「比興」は卑怯《ひきょう》という意味である。昌幸はまさに表裏比興に徹して、時勢の流れを的確にとらえ、その間隙《かんげき》をぬって、自家の発展拡大に成功してきたのであった。だから昌幸が東西いずれに勝敗が決しようとも、わが手で築いてきた真田家を滅ぼすことだけはしたくないと考えたのも当然であろう。いわば昌幸は東西両軍に保険をかけたようなものである。

昌幸は信州上田城に、東山道を行く徳川秀忠の率いる三万八千の軍勢をひきつけて、秀忠軍を天下分け目の決戦に遅刻させた。この行為は、もし西軍が勝っていたならば、昌幸・信繁の功績として大きなものとされるはずであった。結局は西軍は敗北となったが、戦後信幸は家康に向かって、自分への行賞に換えて生命を助けてほしい——と直訴し、父と弟は高野山へ追放ということで命は助かっている。そして結果として、真田家の家名は松代《まつしろ》十万石に封ぜられた信幸によって存続されたのであるから、昌幸の筋書きどおりになったといえる。

しかしこの思惑も、昌幸の胸のうちだけに収めていたことであったらしい。真田家で編《へん》纂《さん》した家史によると、犬伏における父子三人の会談では、西軍参加を主張する信繁と、東軍従属を一歩も譲らぬ信幸との間で、激論が交わされたことを記している。

あれから十年余り、昌幸は重い病の床にあって、信幸に対して、胸に秘めてきた真意を吐《と》露《ろ》したかったのであろう。

島津家久

天正四年（一五七六）―寛永十五年（一六三八）

人質に出される妹を慰撫激励

江戸幕府が、大名の妻子を江戸に置かせ、当主には領地と江戸とを交互に住まわせた参勤交代制が確立されるのは、三代家光将軍の寛永《かんえい》年間（一六二四―四四）のことであるが、その原型はすでに家康の時代から行われていた。開幕後、外様大名たちは徳川氏より江戸桜田付近に邸地を与えられるとともに、邸宅を構え、家族をも住まわせるようになった。そして慶長《けいちょう》十年（一六〇五）代には、ほとんど日本中の大名が、江戸屋敷に妻子を置くことが普通となっていた。その大名の妻子らは、非常事態となれば身柄を拘束されて人質とされる。「入鉄砲に出女《でおんな》」で知られる江戸幕府の証人《しょうにん》制度は、じつは江戸開幕とともに必然的に生まれていったことなのである。

さて、西南の雄藩として知られる薩摩《さつま》島津氏も、慶長十年以来、一族の娘や重臣の子息らを証人として江戸に提出していたが、同十八年六月には、当主島津家久の妹が江戸へ送られることになった。この時、家久は次のような手紙を妹に与えていた。

当家の質として、関東へ参らるべきよし申し候つるところに、少しも慕《した》ひなく、すなわち了承、ことに親子ともに、はるかなるむさし《(武蔵)》の江戸まで越され候事、忠孝これにすぐ《(過)》まじく候。まことに当家三十代におよび候へども、かやうなるためし御入候はず候。一身をなげうたれ、よろづこゝろつかひは、はかりなき事にて候へども、後の代までの名誉と感じ入り候。申すまでもなき事ながら、御おやこ《(親子)》の事、ゆくすゑ《(行末)》ぶさた《(無沙汰)》なく心を添へ候はんまゝ、めでたくこゝろにまかせらるべく候。いくたび申しても、ちうせつ《(忠節)》の礼は申しつくしがたくて、筆をそめ候。あなかしこ〳〵。

慶長十八年六月廿三日　いゑ久（花押）

いもと

まいる申給へ

（薩藩旧記）

文意は、当島津家の人質として、関東へ赴くようにと申したところ、少しの未練も申さずに了承、ことに親子ともどもはるかなる武蔵の江戸まで行くとのこと、忠孝これに過ぎることはない。誠に当島津家は三十代にも及ぶ由緒をもつが、このように無念なことはなかった。一身をなげうたれ、心配ごとも多かろうが、後代までの名誉になろうと感じ入っている。いうまでもないことではあるが、お前たち親子のことは、行く末までも心にかける所存であるから、安心するがよい。何度申したとて、お前の忠節に対する礼にははるかに及ぶまいと思いながら筆を取った次第である——というものである。

つまりこの手紙は、島津家の証人として江戸へ提出されることになった家久の妹が、少しの未練がましいこともいわずに、快く江戸行きを了承してくれたことに感謝し、将来の身上については責任をもって面倒をみると慰撫《いぶ》激励したものである。

外様大名の苦悩

家久は初名を忠恒《ただつね》といった。猛将として有名な島津義弘の第三子であるが、病死した兄の跡をうけて島津氏の継子となったのであった。宛名の「いもと」は妹である。その名前はわからないが、『寛政重修諸家譜《かんせいちょうしゅうしょかふ》』の島津系図によれば、家久の妹は一人だけで、家臣の伊集院《いじゅういん》源次郎忠真《ただざね》の妻となり、のちに家臣島津下野久元《ひさもと》に再嫁した女性がみえている。おそらくこの女性のことであろう。

しかし、ここで興味をひくのは、彼女の前夫である伊集院忠真は、これより約十年前の慶長七年（一六〇二）八月に、家久によって一族とともに誅殺《ちゅうさつ》されていることである。だから彼女にとって兄家久は亡夫の仇敵《きゅうてき》なのである。この手紙にみえる彼女の子というのも、おそらくは忠真の遺子であろう。それが、兄の命令に対して一言半句の不平をも洩《も》らさずに、母子ともども江戸へ証人として赴くことを了承したのである。このあたりにはやはり、戦乱の世ゆえに政略の道具とされ、波間に浮かぶ木の葉のごとく、みずからの意思を認められることなく男の世界に流されていた戦国女性の不幸な姿をみる思いがする。

だが一方、家久のために江戸へ送られる妹も、島津家の置かれている立場と、兄の苦しい胸中を理解していたのであろう。それがまた戦国女性の強さでもあった。

鎌倉時代以来の名門を誇る島津氏も、ここ数十年来はつねに危急存亡の瀬戸際に立たされてきた。家久の伯父島津義久（龍伯）は、関白秀吉の征伐を受けて降伏臣従を誓い、弟義弘（惟新）に家督を譲って隠居した。ついで関ヶ原合戦に西軍に属した義弘は、史上に名高い敵中突破を敢行して薩摩へ帰還した。そして弱味をみせぬ強硬外交をとりつづけ、義弘が隠居をし、その子家久に相続させるという条件で、薩摩・大隅《おおすみ》・日向《ひゅうが》の領国を守ったのである。顧みれば、家久が妹の前夫伊集院忠真を誅殺したのも、忠真が叛乱《はんらん》したからで、いわばお家島津のためにやむなく一掃したのであった。

家久にとって、わが妹を証人として江戸へ提出することはやむを得ない事情とはいえ、誇り高き島津家にとっては、屈辱的であったにちがいない。そうしたお家の犠牲となる妹に対する兄の複雑な思いと、その兄の胸中を理解し、これもまたお家のためと割り切って、素直に兄の命令を受け入れていた妹の姿が想像される。

それにしてもこの手紙には、関ヶ原合戦後の強硬外交で家康を根負けさせたような島津氏の強さは、もはや感じられない。龍伯義久は慶長十六年正月七十九歳で没し、その弟の惟新義弘も存命とはいえ八十歳の高齢に達し、往年の猛将のおもかげは消えていた。そして当主家久は三十代の半ばにあり、かつての豊臣家の威勢を知ってはいるが、関ヶ原合戦後の慶長七年四月に家督を相続したことからすれば、やはり豊臣恩顧といってもすでに二世であった。

翌慶長十九年、いわゆる大坂の陣が起きると、大坂城の豊臣秀頼は、外様大名の力を頼みにして豊臣家への助力を切々と訴えた。しかし意外にもこれに応ずる大名はなかった。島津氏にも、秀頼の書状と正宗の脇差《わきざし》、それに大野治房の添状が届けられた。だがこの時家久は、秀頼の命に従うべきところではあるが、先年関ヶ原合戦の際、父義弘が西軍に味方して敗れ、戦後困り果てていたところ、家康は遺恨を捨てて島津の家を立て、義弘を赦《ゆる》してくれた。故太閤への御奉公はすでに一度すんでおり、また家康に背くことは思いも寄らない。ついては折角の御芳志ながら、御贈りいただいた名刀はお返しする――という返書を送って豊臣家との絶縁を宣言するのである。外様大名たちが豊臣秀頼の依頼に接しても動かなかった背景の一つに、この家久の妹のように、江戸に留められていた証人の存在を忘れることはできない。

片桐且元

弘治二年（一五五六）―元和元年（一六一五）

鐘銘事件の釈明について指示

慶長《けいちょう》十九年（一六一四）、豊臣秀頼の勧進にかかる方広寺の大仏殿が落成し、八月には、堂供養と開眼供養が挙行されることにきまった。ところが七月二十九日のこと、突然、梵《ぼん》鐘《しょう》の銘に不穏当な語句があるとして徳川氏の抗議を受けた。「君臣豊楽」「国家安康」の二句が、豊臣を君として楽しむ一方に、「家康」という文字を分解して呪詛《じゅそ》しているというのである。銘の作者は、博学能文のほまれ高い東福寺の清韓《せいかん》長老であった。むろんこれは喧嘩《けんか》を売ろうという徳川方のいいがかりだ。しかし大仏殿造営の奉行にあった片桐且元《かたぎりかつもと》は、責任者としてさっそく駿府《すんぷ》に赴き、家康に釈明しようと八月十三日に京都を発《た》った。その翌日、且元は道中の旅宿で、弟の片桐主膳正《しゅぜんのかみ》貞隆に宛てて、次のような自筆の手紙を書いた。

猶々《なおなお》、五山衆今日御寄会《よりあい》の由に候。定めてむりなる儀はこれ有るまじくと存じ候へ共、たしかによきひらきなど候はゞ、内膳殿へ御聞き候やうに申し度《た》き事と存じ候。

以上。

十三日の朝、生島小兵衛書状を遣はし、韓長老《かんちょうろう》へ鐘の銘の内、御所様調伏の子細、二所にこれある由、相聞へ候間、事の外我等驚き入り候ひて、生島小兵に、いかにも〳〵内々にて其《そ》の方へ直《じか》に申し含め、かん長老へも御存知無く候ひて、左様の儀もこれある哉《や》と、相尋ねらるべき旨申し候ひつる。其の方御返事の様子、ちと聞えかね申し候。併《あわ》せてかん長老五山衆に御尋ね候はば、罷《まか》り出で、其の披《ひらき》、慥《たしか》に御申し有るべき旨、先《ま》ず以て我等大慶に存じ候。板内膳《ないぜん》殿御帰り無き内に、板伊州迄《まで》、かん長老に人を添へ上《のぼ》せ候にて成り共、左様のひらき内膳殿へ御聞かせ候様にと申し度き事に候。遅れ候はんかとあんじ申す儀に候。成るべき事に候はゞ、急ぎ京へ御上り有るべき由、申しさるべく候。恐々謹言。

市正《いちのかみ》　且元（花押）

（慶長十九年）八月十四日　未ノ刻

（片桐貞隆）主膳殿

貴報

（片桐貞央氏旧蔵文書）

文意は、十三日の朝、生島小兵衛から遣わされた書状によって、清韓長老へ鐘銘のうちの御所様調伏の子細が二か所にあるということを聞き、殊のほかわれらも驚き、生島小兵衛にどうしても内々にその方へ直接に申し含め、清韓長老へも御存知ない間にそのようなこともあるのではないかと尋ねるように申した。その方の御返事の様子いささか聞こえかねる。合わせて清韓長老も、五山衆が御尋ねになるなら罷《まか》り出でて、その異議（釈明）をたしかに申して下さるとのこと、まずもってめでたい。板倉内膳正殿（重昌）がお帰りにならぬうちに、板倉伊賀守《いがのかみ》殿（勝重）まで、清韓長老に人を添えて上らせてでも、その異議を内膳殿へお聞かせするようにいたしたい。遅れて時期を逸してはと心配している。できることなら、急いで上京するように申し伝えてほしい。なお、五山衆が今日会合するそうだ。おそらくたいしたことにはならぬであろうが、異議があれば、しかと内膳殿へお聞かせするように――というのである。

文中にみえる「生島小兵衛」は豊臣家臣であろう。そして「板内膳」は板倉内膳正重昌、「板伊州」は京都所司代として名高いその父板倉伊賀守勝重である。重昌は鐘銘事件詰問のために幕府から派遣された使者であったのだろう。且元は釈明のために駿府へ旅立ったが、留守の間の処置をまかせてきた弟貞隆に、板倉父子への申しひらきの件について念をおしたのである。

小器ゆえの悲劇

さて、その後、駿府に赴い且元は、さっそく家康に釈明しようとしたが、家康は且元に面会を許さず、本多正純《まさずみ》に命じて大坂方の不都合を責めた。そこで動転した且元は、ひたすら家康の内意を憶測《おくそく》し、大坂に帰城の上、大坂城を明け渡すか、秀頼または生母淀《よど》殿を人質として江戸に送るか、二つに一つを承諾しなければ、この問題の解決は困難であろうと報告している。淀殿や秀頼の近臣たちが怒ったのは当然である。且元は大坂城から追放され、摂津《せっつ》茨木《いばらき》の居城に退去した。大坂冬の陣はこれをきっかけとして勃《ぼっ》発《ぱつ》したのである。

且元は冬の陣には参加しなかった。しかし翌年の夏の陣には、息子の片桐孝利が家康に従軍したので、やむなく徳川方に味方し、大坂城包囲軍に加わっている。大坂落城の時、城内から、秀頼母子の助命を依頼されたがこれを拒否し、かえって家康に大坂城の絵図を呈出したという。

且元は、加藤清正や福島正則らとともに賤《しず》ヶ《が》岳《たけ》七本槍《やり》の一人に数えられた秀吉子飼いの家来である。しかし賤ヶ岳の戦いのあとは、同僚の清正や正則が第一線の武将として活躍したのに対して、且元は行政事務官の道を歩んだため、華々《はなばな》しい活躍もみられず、大名として出世できなかった。且元は秀吉子飼いの家来としては小粒な人物であった。が、関ヶ原の戦い後は、秀頼を補佐して豊臣家の中心に立たされていた。それは、石田三成や増田《ました》長盛のような中枢にあった奉行たちが滅んでしまったからである。

関ヶ原の戦い後、豊臣家に対する徳川氏の圧力がますます加わる中で、且元も秀吉直臣の生き残りとして、豊臣家存立のために精一杯努力をした。しかし、やはり二級の人物ゆえの悲劇であろうか。鐘銘事件のような徳川氏の謀略に対処できなかった。

且元の家臣である山本豊久の日記によれば、「市正《いちのかみ》ハ智謀《ちぼう》薄キ者ニアラズ、御意ニ逆《さから》ハズ随フ御挨拶《あいさつ》、互ニバケバケ騙《だま》シ合ヒ申スト云々《しかじか》」として、且元と家康との交渉を「バケバケ騙シ合ヒ」のやりとりと評している。この豊久がいうように、且元も豊臣家側の代表として、徳川氏と智力の限りをつくして事件解決のための折衝にあたり、それこそ「バケバケ騙シ合ヒ」を演じたつもりであろう。しかし、所詮《しょせん》は老巧なる家康に太刀打ちはできなかった。術中にはまって翻弄《ほんろう》された上、大坂退去という事態にまで追い込まれてしまったのであった。

ところが、且元の行動に対して、講談本や坪内逍遥の戯曲『桐《きり》一葉』では、且元を大坂方の苦悩を一人で背負って立った大人物のように描いているが、実際は小心者であり、そのために家康に利用され、結果として主家を裏切る行動に走らされてしまったようだ。元和元年（一六一五）五月八日の豊臣家滅亡後、且元は山城国その他で加増され、四万石を領したが、豊臣家の滅亡と大坂の陣における自己のとった行動に懊悩《おうのう》したのか、同年の五月二十八日、六十歳で病死している。大坂落城後、約二十日のことであった。『武徳編年集成』には、且元の死に対して「狂気悶乱《きょうきもんらん》」の噂《うわさ》があったことを伝えている。

徳川秀忠

天正七年（一五七九）—寛永九年（一六三二）

わしが行くまで攻撃開始を待て

慶長《けいちょう》十九年（一六一四）の冬、大坂の陣開戦直前の頃のことである。十月二十三日、二十万余の大兵を率いて江戸城を出陣した徳川秀忠は、その日の宿所、神奈川から、本多上《こう》野介正純《ずけのすけまさずみ》に宛てて、次のような書状を書き送った。

留守居の仕置《しおき》等、丈夫に申しつけ候間、今日廿三日、神奈河まで出馬仕《し》り候。やがて上着仕るべく候の間、御とりつめ成され候儀、我等まかり着き候まで、御待ち成され下され候様、申し上ぐべき候。誠に自由なる申し上げ様にて候へども、此《こ》の時にて候間、能々《よくよく》然《しか》るべき様申し上ぐるべき候。猶《なお》、小沢瀬兵衛の口上に申し含め候也。

（慶長十九年）十月廿三日　　秀忠（花押）

本多上野介殿（正純）

（和田文書）

文意は、江戸城の留守居の処置などについては堅固に申しつけたから、今日、二十三日、神奈川まで出馬した。やがて上洛《じょうらく》するから、大坂城の攻撃開始は、自分が到着するまで待って下さるように、大御所家康に申し上げていただきたい。まことに勝手なお願いではあるが、この時を失いたくないから、よくよくしかるべく言上を頼みたい。なお、使者の小沢瀬兵衛が口頭で申し伝えるであろう——というものである。

宛名の本多正純は、本多佐渡守《さどのかみ》正信の子である。家康の駿府《すんぷ》引退後、正信は幕府元老の一人として将軍秀忠を補佐して江戸におり、正純は大御所家康の近臣として、駿府にいた。本多父子は、家康晩年における幕閣の中でも屈指の実力者であった。

忘れられない十四年前の屈辱

さて、京都方広寺大仏鐘銘事件に端を発した徳川氏と大坂方との対立に火の手が燃え上がったのは、十月一日のことである。当時七十三歳の家康は、少々病気の気味があったが、大坂方開戦の報を受けると、病気もさらりと全快してしまったという。大坂討伐こそ家康年来の関心事であったからである。勇躍した家康は、諸将に対して動員令を発するとともに、みずからは十月十一日に駿府城を出発して西上し、秀忠がこの書状を書いたと同じ十月二十三日、京都二条城に入っている。もちろん本多正純もこれに従っていた。

秀忠が、家康から出動命令を手にしたのは翌二十四日、藤沢泊まりの時であった。ということは、秀忠は正式の出動命令を受ける以前に、すでに上方《かみがた》へ向けて出発していたということになる。しかも、伏見城に入ったのが十一月十日であったというから、秀忠の行軍は超スピードの速さであった。江戸から京都までの道のりを、わずか十七日間で押し上ったのだ。

この書状のほかにも、秀忠が上方への行軍中、本多正純や藤堂高虎に宛てて書いた手紙が数通残っているが、それらにも、大軍を率いているので、進軍が遅れ、迷惑この上ない。軍勢はあとからまいるであろうから、自分だけでも早々にまいりたい。それまで攻撃開始をしないように、大御所に申し上げてほしい——とか、くりかえしくりかえし、大坂攻めのこと、われらが到着するまで、待っていただくように頼んでもらいたい——などといった文言がみえている。またこの時の秀忠の行軍には、三日も前に出発していた先鋒《せんぽう》の伊達政宗の兵を追い越さんばかりの超スピードであったため、その隊列を乱した軽挙ぶりを、家康から咎《とが》められた、というエピソードまでついている。が、ともかく、家康の京都出陣は、秀忠入洛《じゅらく》から三日後の十一月十五日、そして開戦の火ぶたが切られたのは十九日の未明であったから、秀忠の念願は、いちおう叶《かな》えられたわけである。

秀忠が大坂城攻め開始の場における彼自身の参加を、これほどまでに切望したのはなぜであろうか。もちろんそれは、将軍としての「面目」があったからであろう。大坂攻めという徳川氏にとっての一大事が、秀忠不在のうちに決行されては、将軍としての立場はなくなる。だが、この時の秀忠の頭の中を駆けめぐっていた思いは、じつは十四年前の関ヶ原合戦の際に味わった屈辱と痛恨感であったようである。それは、東山道《とうさんどう》を西上の途中、真田昌幸の信州上田城攻めに手間どり、九月十五日の大合戦に遅刻して参加できず、家康に激怒されたことがあった。忘れることのできないあの時のみじめな思いを、秀忠は二度と味わいたくなかったのであろう。

それにしても、この手紙は現職の将軍のものとしては、いささか貫禄《かんろく》に欠けている感じがする。この時、秀忠は三十六歳。働き盛りでありながら、いまだに父親家康の威厳を気にして行動しなければならなかったのだ。なんとも可哀想《かわいそう》な二代目である。

しかし、将軍家の親子関係は、われわれ庶民の家庭と同様に考えることはできないであろう。もともと家康は秀忠にもの足りなさを感じていたらしい。家康が秀忠を二代将軍と定めたのは、最愛の長子信康を失ったからであった。だが、それでも家康・秀忠の間に、いわゆる親子間の断絶の破局がもたらされなかったのは、秀忠の真面目《まじめ》で律儀《りちぎ》な性格によるところが大きかったものと思われる。

秀忠は生来、真面目すぎるといいたいくらい几帳面《きちようめん》な男であった。病床でも毎日髪を結い直さないと気がすまなかった。時間を厳守することにも徹底していた。約束の面会には食事を中断してでも目どおりするし、鷹狩《たかが》りの予定日が雨になった時も、謁見の儀を行った上で中止したほどである。また当時は多数の妻妾《さいしよう》をもつことが一般的であったのに、六歳も年長の、しかも二度の結婚歴のある正妻、崇源院《すうげんいん》（江）一人に生涯をつくしたほどの律儀者であった。秀忠は愛妻家というよりも、恐妻家といった方がピッタリである。情をかけて身ごもらせた女性も、正室をはばかって側室とはせず、生まれた子もひそかに信州高遠《たかとお》の保科《ほしな》家に預けたのであった。

秀忠には父のような財産をふやす才覚はなかったが、生来の地味な性格のこと、無駄遣いはしていない。家康が久能山の御金蔵に残した遺産のほとんどは、御三家の弟たちに分配したが、父から相続した江戸城の財産は、幕府の資本金として大事に守り、さほど額を減らすことなく家光へ引き渡している。

秀忠は父とは比較にならない己《おのれ》の力量の限界をみずから悟りながら、彼なりに精一杯、努力を重ねた。そこが秀忠という人物の立派さともいえる。この手紙にも、秀忠のそうした真面目《まじめ》な性格の一端がうかがえるであろう。

徳川家康

天文十一年（一五四二）―元和二年（一六一六）

千姫の病気を見舞う

孫は子より可愛《かわい》い、という言葉があるが、狸親父《たぬきおやじ》などといわれ、冷酷この上ない男にみられている徳川家康も、家庭ではごくありふれた好々爺《こうこうや》であったようである。元和《げんな》二年（一六一六）の春頃のこと、家康は江戸城にいた孫娘千姫に、駿府《すんぷ》から次のような手紙を書き送った。

返す〲、御わづらひ、案じまゐらせ候。めでたく。
御わづらひ、御心もとなく思ひ候て、藤九郎まゐらせ候。何と御いり候や。くはしく承り候べく候。くはしくは藤九郎申しまゐらせ候べく候。

ちよぼ
申し給へ　　　大ふ

（鈴木英雄氏所蔵文書）

文意は、御病気とのこと、なんとも心配に思い、藤九郎を遣わしました。どうしたことか、詳しく知りたいと思う。こちらの詳しいことは、藤九郎がお話しするでしょう。くれぐれも、お前の病気を心配している――というものである。

「大ふ」というのは大府、つまり太政大臣という意味であろう。内大臣のことを内府、左右の大臣を左府・右府というように、太政大臣のことも大府と記したものらしい。家康は元和二年三月二十一日太政大臣に任ぜられている。それから約ひと月後の四月十七日に七十五歳で死ぬから、この手紙はまさに家康の終焉《しゅうえん》間近の頃のものということになる。

宛名の「ちよぼ」は千姫の侍女。彼女は千姫が豊臣秀頼の正妻として大坂城にいた頃より、千姫の身近に仕えた女性である。のちに松坂局《まつさかのつぼね》と改称したといわれる。

千姫は大坂城落城の際、運よく三人の侍女の助けによって城を抜け出したのち、父秀忠の江戸城にその身をひきとられた。当時の女としては一人前の十九歳であったとはいえ、夫秀頼の死、炎の大坂城脱出の時の恐怖は、千姫の心に大きなショックを与えていた。健康な若い肉体も、傷心の中に病《やまい》がちになった。そんな孫娘を知った家康は、藤九郎なる使者にこの手紙を持たせ、千姫のもとに届けさせたのではないだろうか。

己《おのれ》の天下取りの野望のために秀頼と豊臣家を滅ぼした家康であるが、千姫の悲しみを思うと、自責の念にかられることもあったにちがいない。

子宝に恵まれなかった秀吉にくらべれば、家康は男十一人、女五人の子沢山である。しかし、親子・肉親の情に関しては、家康のほうが余程悲痛な思いをしている。三歳にして生みの母と引き離され、六歳の時より十九歳まで、およそ十三年もの間、織田・今川のもとで長い人質生活を送り、父の死に目にも立ち会えなかった。天正《てんしょう》七年（一五七九）三十八歳の時には、信長の目を恐れて妻の築山殿と最愛の息子信康をも殺さなければならなかったのである。

妻子の辛《つら》く悲しい思い出が多いだけに、家康は孫達をこよなく可愛がったらしい。外孫は少ないが、秀忠の子である八人の内孫達が晩年の家康の心を和《なご》ませる存在であった。中でも一番年上の千姫は、それこそ目の中に入れても痛くないほど可愛い孫娘であった。

孫娘を不幸にした祖父の苦しみ

千姫を政略のために、稚《いとけな》い七歳で豊臣家へ嫁にやらねばならなかったが、家康はその後も何かと千姫のことを気にかけていた。千姫の旅行に際し、人足などを指図している家康の手紙も現存している。大坂落城に際し、家康は千姫を城中から救い出した者には貴賤《きせん》を問わず妻として与えるといい、坂崎出羽守《でわのかみ》が千姫を助け出したが、のちに家康は約束を反故《ほご》にして千姫を本多忠刻《ただとき》に再婚させたので、違約を怒った出羽守が、忠刻に輿入《こしい》れする千姫の行列を襲って自殺したといわれる事件がある。

しかし、坂崎出羽守が、本多忠刻に再婚しようとする千姫の行列を襲撃したことは事実であるが、この事件と、千姫大坂脱出の際における家康の詞質《ことばじち》との関係は作り話である。『駿府記』によれば、大坂城中の大野治長《はるなが》が千姫を脱出させ、みずからの切腹をもって秀頼母子の助命を請うたことが知られ、醍醐寺《だいごじ》三宝院義演《ぎえん》の日記にも同様のことが書かれている。また、大坂における坂崎出羽守の働きも、良質史料にみるところでは、大野治長の計らいによって城を脱出し、豊臣家臣に護送されてきた千姫を出羽守が途中で受け取り、岡山（大阪市生野区）の秀忠の陣所まで連行したにすぎないのである。けれども、時代小説やドラマとしては、やはり燃え上がる大坂城を目前にして気も動転した家康が、出羽守に千姫をやるという詞質を与えたという筋書のほうが面白いであろう。

千姫も、亡き夫秀頼を愛していた。何もわからぬ幼時にきめられた夫ではあったが、約十二年余りも生活をともにした男である。のちのことだが、千姫が再婚した忠刻との間に生まれた子供が早世した時、千姫は、これを忠刻との仲を嫉妬《しっと》する秀頼の怨霊《おんりょう》のすることだろうと考えて、伊勢慶光院の周清尼《しゅうせいに》に頼んで祈禱《きとう》をさせている。また秀頼の側室に生まれた女《むすめ》で千姫にとっては義理の娘にあたる天秀尼《てんしゅうに》のいる鎌倉の東慶寺を、千姫が保護してやっていることなどから考えても、千姫の秀頼に対する愛情の深さを容易に想像することができよう。

秀頼を慕い悲歎《ひたん》の涙にくれる千姫の姿を思うと、家康もつらかった。徳川の家のための犠牲とはいえ、悲しみの淵《ふち》につき落とした祖父をみる孫娘の憎しみにあふれた眼をみるのが恐ろしかった。千姫の機嫌を損じることは、何よりいやな家康であったろう。

千姫に不幸を強《し》いる結果とはなったが、大坂の陣は家康にとっても、最後の大仕事であった。そして落城後二か月ほどの間に、一国一城令、武家諸法度、禁中並公家諸法度、寺院法度などを発布し、江戸幕府の基本姿勢を明確にさせた。そして年号も、新時代の出発を宣言するかのように、朝廷に奏して慶長《けいちょう》から元和へと改元した。しかし、その最後の大仕事の完成によって、家康自身の心の緊張がゆるんだのであろうか、翌元和二年正月下旬頃から体調をくずし、この千姫宛の手紙を書いた頃も、寝たり起きたりの日々を送っていた。

その始まりは、正月二十一日、鷹狩《たかがり》の最中に腹痛を起こして倒れて以来のことである。一説には榧《かや》の油で揚げた鯛《たい》の天ぷらを食べすぎたのが原因というが、胃癌《いがん》にかかっていたらしい。三月頃には一時容態がよくなり、二十一日には太政大臣の宣旨《せんじ》を伝える勅使を鄭《てい》重《ちょう》にもてなしたりした。が、その疲れが病状を急激に悪化させたらしい。それから約一か月のち不帰の人となる。

この間、病床にあっても千姫のことが気になって仕方がなかった。聞けば千姫も病であるという。いても立ってもいられなくなった家康は、病床に身を起こし、みずから筆をとって精一杯にこの短い手紙を書いたのではないだろうか。

あとがき

私は学生の頃から、古文書を読むことが大好きであった。目に触れた手紙の原本や写真を、一通ずつ解読し、年代推定を試み、真偽や時代背景を考える。その手紙が難解であればあるほど、解決しおえた時の充実感は大きく、またそれが新史料であることを発見した時の嬉しさは何ともいえない。

私が古文書に興味をもつようになったのは、恩師である故桑田忠親先生の影響によるものであろう。桑田先生は、戦国・安土桃山時代史および茶道史の権威として知られた学者であるが、信長・秀吉・家康らの手紙を集めた著書を多数出されていたところから、〝手紙博士〟というあだ名さえつけられていた。

大学院における桑田先生の授業は、写真版による古文書の演習で、私は先輩たちと読解力を競い合わされるような授業を楽しみにしていた。史学科研究室の助手になってからは、桑田先生の鑑定を受けるために持ち込まれてくる古文書類に解読と解説をつけるのが私の役目で、これは助手としての仕事の中で、楽しいものの一つであった。

大学の教壇に立つようになってからは、古文書を教材として、桑田先生仕込みの授業を行ってきた。しかし、古文書に対する考え方が、ここ数十年の間でかなり変わったように思われる。かつては出版事情が悪く、また複写機なども一般的に使用されていなかったから、史料収集は、誰でも、それこそ手と足だけが頼りで、各地の文庫や図書館を歴訪しては、文書や記録の筆写に時間をついやしたものである。ところが近年は、文書集、史料集の出版が盛行し、研究者にとっては便利となり、学問的にも飛躍的な発展が期待される。しかしその便利さは、若き学徒にとって必ずしも有益とはいえないように思われる。難解な原本に接することなく、安易な活字本だけで間に合わせる傾向となり、そのうえコピーの普及は、筆写することによって自然に身についていく知識を、軽薄なものに終わらせてしまうであろう。

最近では研究者の間に、パソコンを利用した古文書の研究が流行している。数千点の古文書をデータとして分析しようというもので、新しい研究方法の一つとして注目される。けれども、私自身はこのような研究方法を基本的には好まない。それは、古文書というものは、一通一通を、それこそ何十回、何百回も熟読することによってのみ、無限の知識が得られるものと信じているからである。

私はこれまで、種々の歴史雑誌などに、武将の手紙の紹介や、手紙を素材とした人物評論などを書いてきたが、このたび、戦国武将の数ある手紙の中から、とりわけ興味深いものを選び、その手紙を中心にして戦国史を書いてみようということになった。一通の手紙がもつ歴史的な重みと味わいの深さ、そして手紙からくりひろげられていく戦国武将の世界を楽しんでいただきたいと思ったからである。

本書の出版にあたり、いろいろとおほねおりをいただいた角川書店編集部の方々に対して、深甚の謝意を表しつつ、筆を擱く。

平成三年七月十七日

二木謙一

本書は、一九九一年小社刊行の『戦国武将の手紙を読む』を改題の上、一部加筆修正し文庫化したものです。

戦《せん》国《ごく》武《ぶ》将《しよう》の手《て》紙《がみ》

二《ふた》木《き》謙《けん》一《いち》

平成25年 5月25日　初版発行
令和6年 1月30日　4版発行

発行者●山下直久

発行●株式会社KADOKAWA
〒102-8177　東京都千代田区富士見2-13-3
電話　0570-002-301（ナビダイヤル）

角川文庫 17981

印刷所●株式会社KADOKAWA
製本所●株式会社KADOKAWA

表紙画●和田三造

◎本書の無断複製（コピー、スキャン、デジタル化等）並びに無断複製物の譲渡および配信は、著作権法上での例外を除き禁じられています。また、本書を代行業者等の第三者に依頼して複製する行為は、たとえ個人や家庭内での利用であっても一切認められておりません。
◎定価はカバーに表示してあります。

●お問い合わせ
https://www.kadokawa.co.jp/（「お問い合わせ」へお進みください）
※内容によっては、お答えできない場合があります。
※サポートは日本国内のみとさせていただきます。
※Japanese text only

©Kenichi Futaki 1991, 2013　Printed in Japan
ISBN978-4-04-409206-1　C0121

角川文庫発刊に際して

角川源義

第二次世界大戦の敗北は、軍事力の敗北であった以上に、私たちの若い文化力の敗退であった。私たちの文化が戦争に対して如何に無力であり、単なるあだ花に過ぎなかったかを、私たちは身を以て体験し痛感した。西洋近代文化の摂取にとって、明治以後八十年の歳月は決して短かすぎたとは言えない。にもかかわらず、近代文化の伝統を確立し、自由な批判と柔軟な良識に富む文化層として自らを形成することに私たちは失敗して来た。そしてこれは、各層への文化の普及滲透を任務とする出版人の責任でもあった。

一九四五年以来、私たちは再び振出しに戻り、第一歩から踏み出すことを余儀なくされた。これは大きな不幸ではあるが、反面、これまでの混沌・未熟・歪曲の中にあった我が国の文化に秩序と確たる基礎を齎らすためには絶好の機会でもある。角川書店は、このような祖国の文化的危機にあたり、微力をも顧みず再建の礎石たるべき抱負と決意とをもって出発したが、ここに創立以来の念願を果すべく角川文庫を発刊する。これまで刊行されたあらゆる全集叢書文庫類の長所と短所とを検討し、古今東西の不朽の典籍を、良心的編集のもとに、廉価に、そして書架にふさわしい美本として、多くのひとびとに提供しようとする。しかし私たちは徒らに百科全書的な知識のジレッタントを作ることを目的とせず、あくまで祖国の文化に秩序と再建への道を示し、この文庫を角川書店の栄ある事業として、今後永久に継続発展せしめ、学芸と教養との殿堂として大成せんことを期したい。多くの読書子の愛情ある忠言と支持とによって、この希望と抱負とを完遂せしめられんことを願う。

一九四九年五月三日

角川ソフィア文庫ベストセラー

甲陽軍鑑入門
武田軍団強さの秘密

小和田哲男

武田信玄の手の内を明かした兵法書といわれ、江戸初期の成立以来、甲州流兵法の基本文献として重要視された『甲陽軍鑑』。その面白さと内容を、現代人向けに平易に紹介。武田軍団の魅力と強さを解き明かす。

お江と戦国武将の妻たち

小和田哲男

敵国に嫁ぐ女スパイ、夫の武器調達に資金援助をする妻——。二代将軍秀忠を尻にしいたというお江ほか、妻の役割や様々な夫婦の在り様から、男性中心に語られてきた戦国時代を新たな女性像と共に捉えなおす。

武将の言葉
決断力が身に付く180のヒント

編／火坂雅志

織田信長、上杉謙信、武田信玄、小早川隆景——。武将たちが伝え残してきた言葉には、本質を見抜く力が宿っている。ビジネスに人生に、明日を拓く決断のヒントを知り、ピンチをチャンスに変える知恵を学ぶ！

中国古典の言葉
成功に近づくヒント106

加地伸行

「知者は惑わず、勇者は懼れず」（『論語』）、「大功を成す者は、衆に謀らず」（『戦国策』）——。時代を超えて生き続ける賢哲の英知を、著者ならではの絶妙な斬り口と、豊富なエピソードでわかりやすく紹介！

ブッダの言葉
生き方が変わる101のヒント

瓜生　中

「すべてのものは滅び行くものである」（釈迦）、「本来無一物」（慧能）、「善人なおもて往生をとぐ、いわんや悪人をや」（親鸞）——。自分に自信がなくなったり、対人関係がぎくしゃくする時に効く人生の案内書。

角川ソフィア文庫ベストセラー

哲学者の言葉
いま必要な60の知恵

富増章成

三〇〇〇年にわたる人類の思考＝哲学史を紐解けば、現代生活にも応用できる実用的な思考パターンが見つかる。ソクラテス、デカルト、ニーチェほか、主要な西洋哲学者の名言とその思想内容を平易に解説！

教えてあげる織田信長

榎本秋

戦国最強の武将・織田信長の知られざる秘密を、歴女キャラが最新の学説を交えながら、豊富な図版とビジュアルを使って徹底ナビ。教科書やウィキペディアには載っていない、戦国時代が「超」わかる歴史ガイド。

論語と算盤

渋沢栄一

孔子の教えに従って、道徳に基づく商売をする――。日本実業界の父・渋沢栄一が、後進の企業家を育成するために経営哲学を語った談話集。金儲けと社会貢献の均衡を図る、品格ある経営人のためのバイブル。

渋沢百訓
論語・人生・経営

渋沢栄一

日本実業界の父が、論語の精神に基づくビジネスマンの処し方をまとめた談話集『青淵百話』から五七話を精選。『論語と算盤』よりわかりやすく、渋沢の才気と後進育成への熱意にあふれた、現代人必読の書。

豪快茶人伝

火坂雅志

信長、秀吉、利休、宗二、織部、遠州――。戦国時代以降、茶の湯は多くの権力者や文化人たちを虜にしてきた。おのおのの美学の発露であった茶の湯を通して、個性豊かな茶人たちの素顔と心情に迫る。